ちくま文庫

ふらり珍地名の旅

今尾恵介

筑摩書房

目次

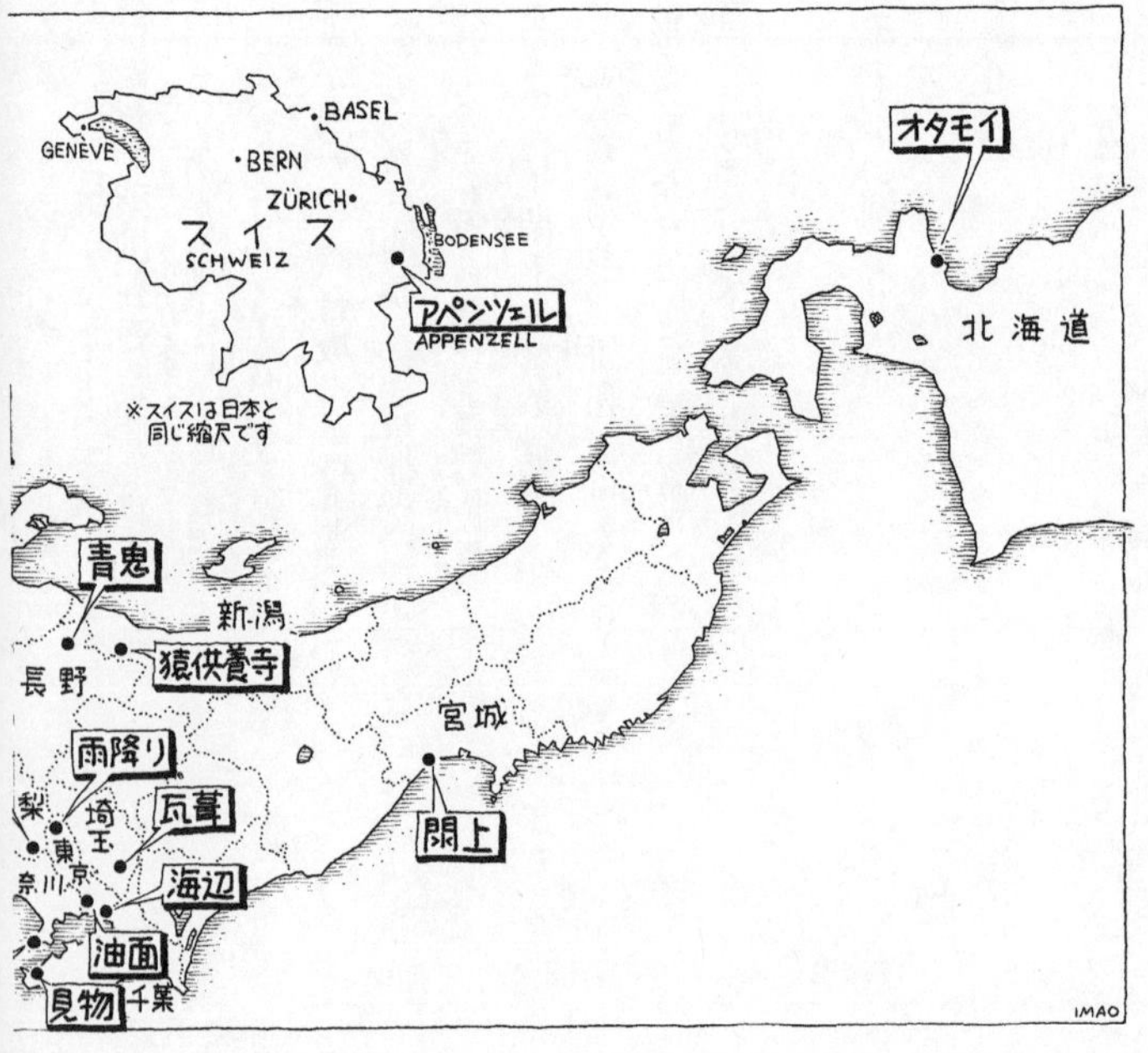
BASEL
GENEVE
BERN
ZÜRICH
スイス
SCHWEIZ
BODENSEE
アペンツェル
APPENZELL
※スイスは日本と
同じ縮尺です
オタモイ
北海道
青鬼
新潟
長野
猿供養寺
宮城
雨降り
梨
埼玉
瓦葺
閖上
東京
奈川
海辺
油面
見物
千葉
IMAO

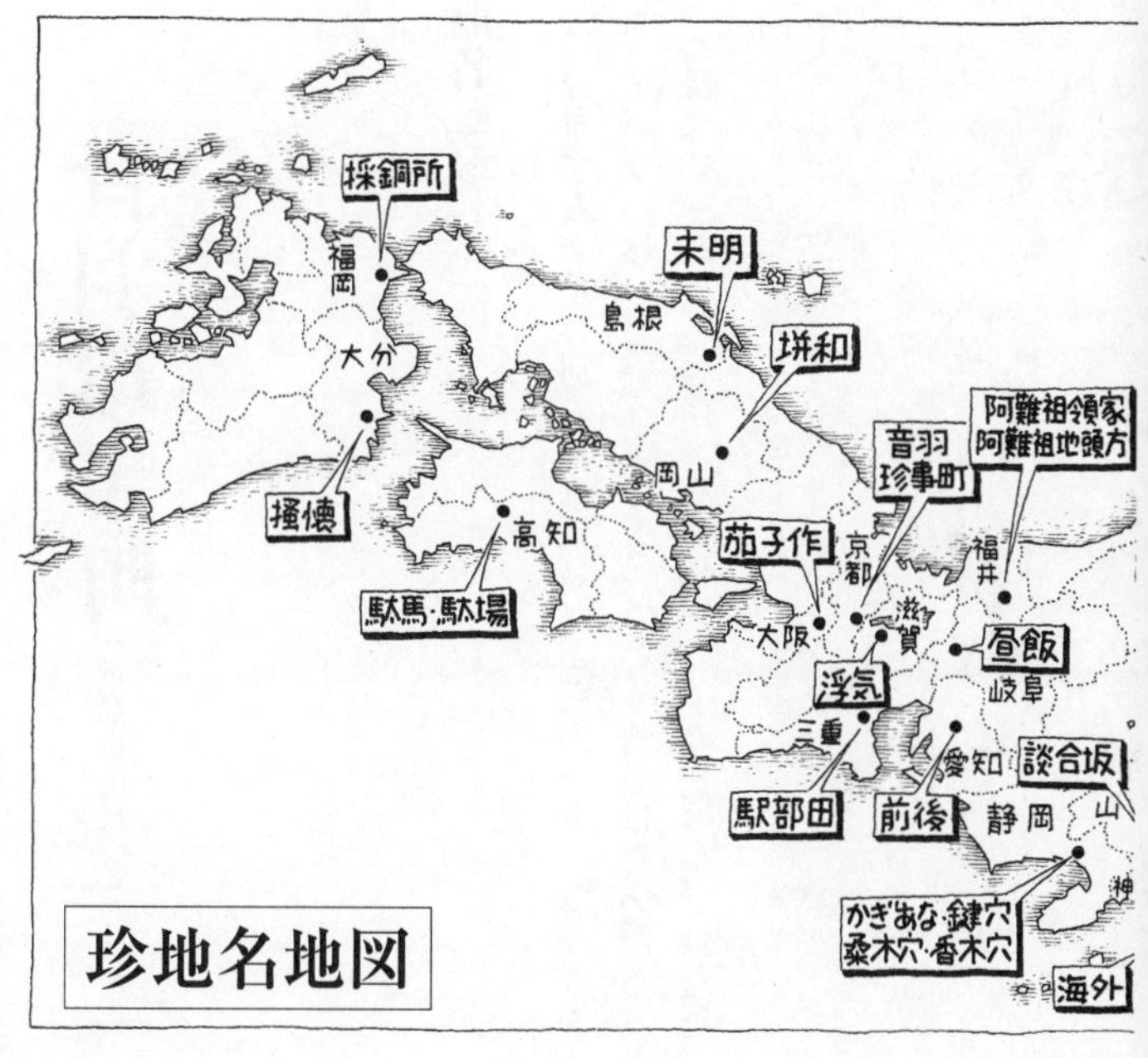
珍地名地図
採銅所
福岡
大分
掻懐
高知
駄馬・駄場
未明
島根
拼和
岡山
音羽
珍事町
阿難祖領家
阿難祖地頭方
茄子作
京都
福井
大阪
滋賀
昼飯
岐阜
浮気
三重
愛知
談合坂
駅部田
前後
静岡
山
神
かぎあな・鍵穴
桑木穴・香木穴
海外

8

音羽珍事町（京都市山科区）

おとわちんじちょう

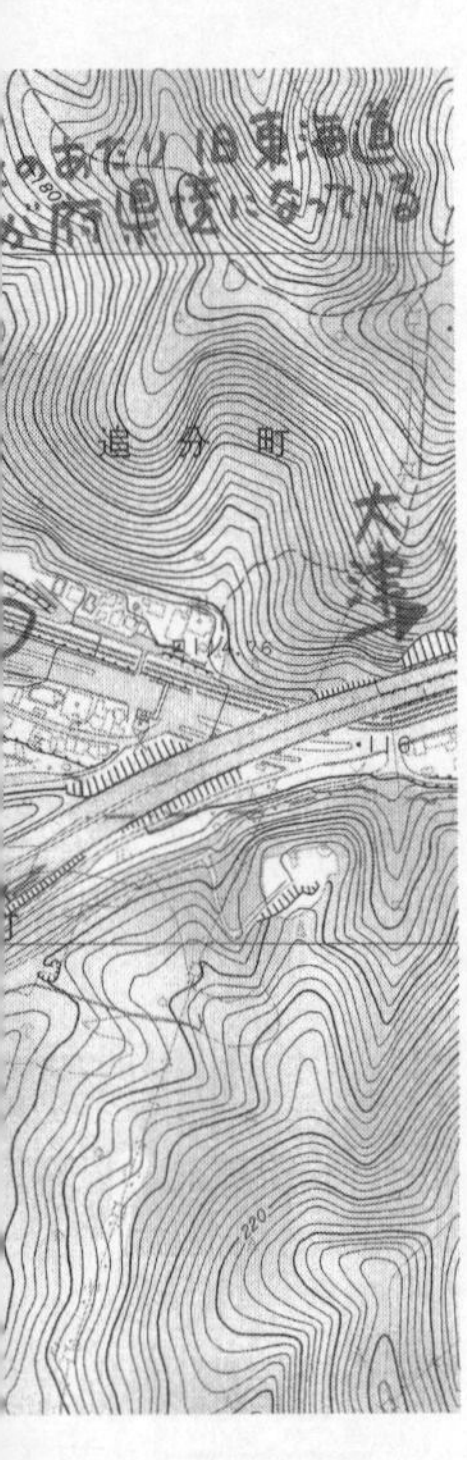

珍のつく地名は珍しい

日本全国に分布する千差万別の「珍地名」から何をトップバッターに選ぶかは悩むところだが、ズバリ「珍」という字の入っている地名はないだろうか。地名辞典の類でいろいろと調べてみると、現存する町名や大字（おおあざ）のレベルではただ一つ、京都市山科

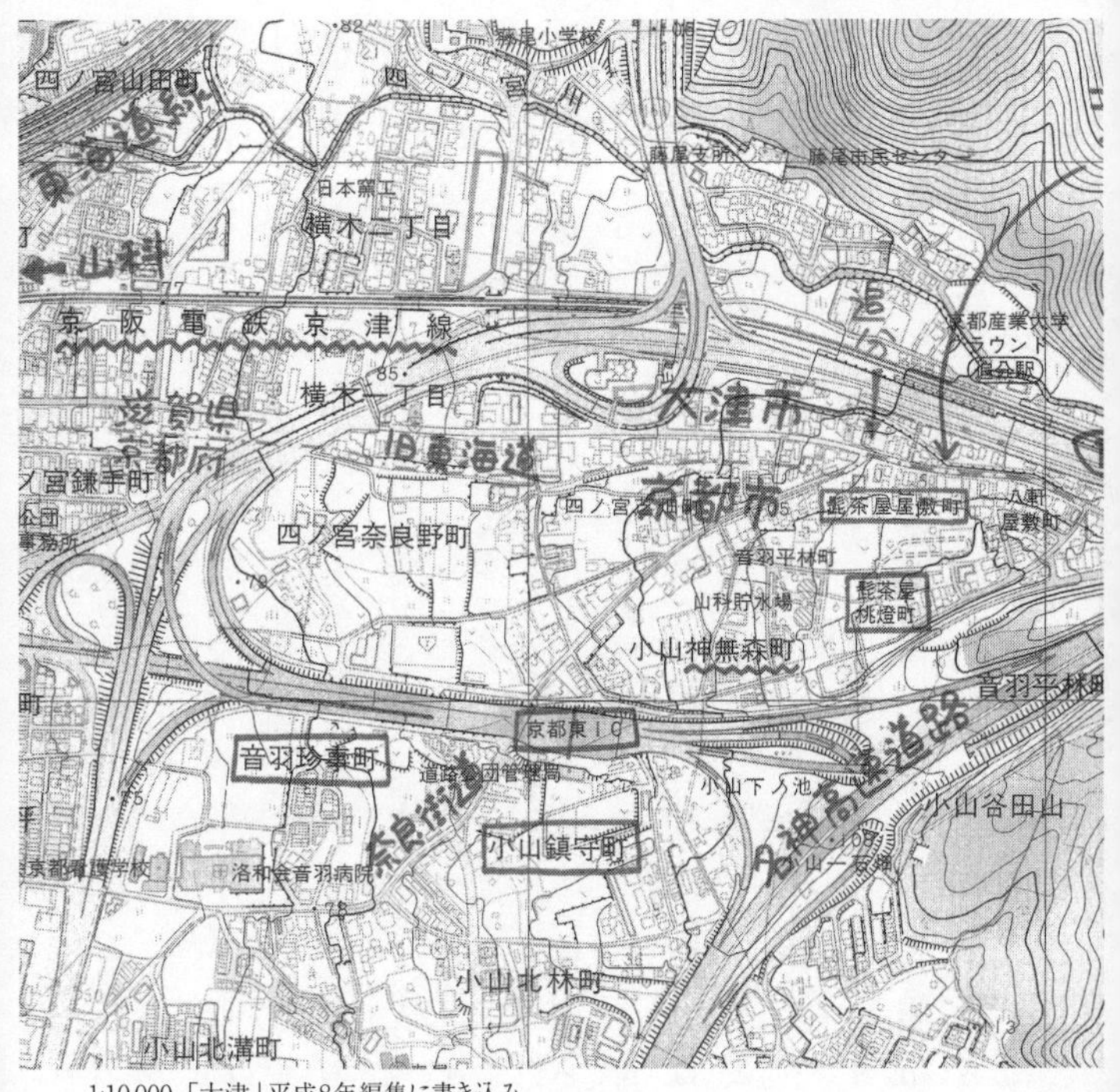

1:10,000「大津」平成8年編集に書き込み

区の音羽珍事町だけであった。全国におそらく十五万を超えるであろう大字・町名の中で唯一の「珍」地名である。

これは万難を排して行かねばならない。調べてみると名神高速道路の京都東インターチェンジのすぐ西側で、インターの料金所で通行料を払った車が百パーセントこの町を通過、その先の国道一号などへと流れていく。しかしこのインターの多数の利用者の、いったいどれだけの人がこの珍事町という珍しい地名をご存じだろうか。断っておくが、昭和三十八年（一九六三）に名神高速道路が開通するはるか以前からの地名なので、決して「インターチェンジ」というわけではない。

この音羽珍事町は旧東海道にほど近いので、大津の宿場から歩いてたどり着くのが礼儀であろう。朝の六時五十分に大津駅前のビジネスホテルをチェックアウト、数分で旧東海道に沿った札の辻（町名）に出た。札ノ辻というのは江戸時代には触れ書などを掲示した場所で、たいてい町や村の中で最も賑やかなところに設置された。

旧東海道の緩い坂道を上っていくと、右手に関蝉丸神社。平安中期の琵琶法師・蝉丸にちなむ歌舞音曲の神様である。鳥居前には急勾配を上り下りする京阪京津線の線路。この電車は今では山科の少し西側にある御陵駅から京都市営地下鉄東西線に乗り入れているが、知る人ぞ知る関西では最も勾配が急な路線でもある。

やがて左側から国道一号が合流してきた。大正十年（一九二一）に東海道本線が勾配緩和と距離の短縮を兼ねたルート変更を行う以前は、ここに線路が通っていた。ほどなく右手には、その旧線のトンネル跡が見えてくる。鉄道記念物の「逢坂山隧道（おうさかやまずいどう）東口」だ。このトンネルは明治十三年（一八八〇）六月二十八日に竣功したもので、これにより神戸から京都まで来ていた鉄道が大津までつながった。記念すべきなのは日本の鉄道で初めての山岳トンネルであり、それまでいわゆる「お雇い外国人」に頼っていたトンネルの建設を、初めて日本人が主体となって設計から建設まで行ったこと

明治13年（1880）に完成した日本初の山岳トンネルで、鉄道記念物に指定されている「逢坂山隧道東口」

日本橋から国道1号で486.5キロ。ここが京都への入口・逢坂山の峠。歩道橋は東海自然歩道逢坂山歩道橋

である。全長は六六四・八メートル、トンネル坑口の上部に掲げられている扁額「楽成頼功」の文字が、当時の太政大臣・三条実美の揮毫ということからもその重要性が窺える。ついでながら落成を「楽成」としたのは、落盤に通じるのを避けたためだという。

ほどなく標高約一六〇メートルほどの逢坂越（おうさかごえ）を過ぎる。平安時代には小倉百人一首で有名な逢坂の関所もあり、京都の東口の峠として古今を通じて交通の要衝であった。今でもこの狭い谷に国道一号と名神高速道路、今は長いトンネルだが東海道本線と東海道新幹線が地下深くを抜け、おまけに京阪京津線も最急六一パーミル（一キロ進んで六一メートルの高度差）に及ぶ急勾配で越えている。

ここから下り坂に転じ、逢坂という町名が大谷（おおたに）町に変わるが、相変わらず滋賀県大津市内だ。このあたりは分水界と府県境がだいぶ食い違っている。ほどなく山科の盆地への入口にさしかかった。国道一号から左へ分かれた旧東海道を進む。昔そのままと思われる狭い街道の両側の家並みは、建物こそ新しくても、どこか歴史を窺わせる。

佛立寺を少し過ぎたあたりから二四〇メートルの間は、府県境がこの旧東海道のまん中を通っている。要するにこの狭い旧街道の北側が滋賀県大津市、南側が京都市なのである。昔はそのまま近江と山城の国境になっていたわけで、長い東海道の中でも道が国境というのはここだけだ。下を向いて歩いていると、京都市と大津市のそれぞれ異なるマンホールが隣接していて、思わず写真撮影する。朝の通勤通学時間帯なので、こんな細道でも意外に車の通りは多い。そんな中でマンホールを撮るのはかなり不審である。

怪しい人物を訝しげに見つめながら、家の前の道を掃き清めていた老爺に話を聞いた。「道が国境」については生まれる前から当たり前のことで珍しくも何ともないらしいが、それはともかく「昔はこのあたり街道筋でずいぶん賑わっていた」と教えて

「行くも帰るもわかれては……」の逢坂の関があった所。要衝の地ならではの常夜灯も保存されている

旧東海道で見つけた大津市のマンホール。すぐ近くには京都市のマンホールも。府県境ならではの発見である

昔の面影を今に伝える旧東海道。ここでは道が山城・近江の国境で、右側が京都市、左側が滋賀県大津市

くれた。賑わっていたのはここが追分、つまり街道の分岐点であったこともあるだろう。京都へ向かう東海道と、宇治を経て南都へ向かう奈良街道の分岐点なのである。

大津の町家を考える会編『大津百町物語』（淡海文庫14、サンライズ出版）では、このあたりの食料品店の奥さんの次のような話が紹介されている。

「ウチが知らん頃のことやけど、この辺は山科の方からも大津八丁からも、上り詰めたとこよってハナヒキ・アトオシの仕事をするオトコシが太い縄を肩に掛けていてはったらしい。そんでもって、宿屋もギョウサンあったそうなえ。そんなんはウチがここに来るずーっと前のことえ。そやけど寂しい町になってしもたわ」

なるほど、地形的にはここを頂点とする扇状地が西へ広がっていて、どちらの街道もこちらへ向かっての長い上り坂だ。この追分には石の道標があって、正面に「みきハ京みち」（右は京道）と刻まれている。左の側面には「ひだりハふしミみち」。山科区のホームページによれば、この道標は昭和二十九年（一九五四）に再建された三代目だそうで、意外に新しい。江戸期に刊行された『伊勢参宮名所図会（ずえ）』には、このあたりで作られていた算盤や大津絵を売る店をはじめ、賑やかな追分風景が描かれている。

この街道国境の南側に、髭茶屋桃燈町（ひげちややちようちんちよう）という曰くありげな町名があるので、脇道へ逸れてそちらへ向かった。フェンスの向こうにタンクが見える水道局の貯水場から南側へ回ると、植木屋さんの苗圃らしきものがあって、その先に数軒の民家が並んでいる。少し通り過ぎて隣の小山一石畑の家の前でおばさん二人が立ち話をされていたので、お話をうかがった。

「桃燈町というのはね、秀吉がここを通った時に、このあたり山で暗いから村の人たちが提灯を点したの。その提灯をしまっておいたのがこの場所。それでチョウチンちょうと言うの。とうとうちょう、とも言いますね。追分駅（京阪京津線）が大津市内で、ここが京都市内でしょう、追分駅あたりで知り合いに会って「どこまで」と挨拶すると、ちょっと京都まで参じます、なんて。数十メートル歩けば京都市でしょう。おかしいわね」

地名の由来の追分。東海道と奈良街道の分岐点。石の道標が歴史を物語る。府県境の記号で大津市との境界をアピール

提灯はともかく、髭茶屋は他にも街道沿いに髭茶屋屋敷町があって気になる。後で山科の図書館で調べてみると、大津市側は今でこそ追分町の一部であるが、昔はこちら側も髭茶屋町といった。地名の由来は、地元の旧家・比留田家文書の「文化四年八月

三町由緒書」によれば、その名の通り髭の老人が営む茶店にちなむらしい。

どうして大津がここまで出っ張ってるんでしょうね、との問いには、

「ここいらはね、三井寺の荘園だったんですよ」という。改めて地図を確認すると、なるほど園城寺（三井寺）の山のすぐ裏側にあたり、最も西へ突き出た部分は山科駅に九〇〇メートルまで迫っている。天智・弘文・天武の三帝勅願寺という由緒ある大寺ゆえ、国境さえ動かしてしまったのだろうか。

奈良街道へ出て南西へ進むと、ほどなく京都東インターの料金所が見えてくる。脇道へ入って、これから畑仕事といった趣のお爺さんに聞いてみた。住人にとっては珍しくないらしく、興味ありませんといった反応。

「珍事ねえ……。昔はこのあたりは田舎。ずっと畑ばっかりで、あっちは田んぼ。街道沿いには家があったけど」

帰宅後に明治四十二年（一九〇九）測図の二万分の一地形図を見ると、たしかに音羽珍事町のエリア内に家は一軒もなかった。さていよいよ音羽珍事町の家並みにさしかかる。電柱にありそうな町名の表示板はあまり見かけないが、消火器を入れる赤い箱に「珍事町」と白く書かれていて証拠写真を撮る。その後で町名表示板も発見した。下端に「京都洛東ライオンズクラブ」とあって、これは京都の旧市街でよく見かける

琺瑯（ほうろう）引き看板の「仁丹」と同様の看板である。残念ながら年月の経過とともに、白抜きだったと思われる文字の周囲の青色も褪せて消えかけているのは惜しい。

　奈良街道に面した喫茶店で遅い朝食をとった。これだけ歩き回ってまだ九時半だから、早起きはするものである。マスターに珍事町の由来について聞いてみたが、これまた関心がなさそうで話の接ぎ穂に困ったが、卵をはさんだ熱いトーストはなかなかおいしかった。全国十数万の地名のうち唯一の「珍」地名であるという自覚は住民にはなさそうであるが、「こんなヘンな地名はやめよう」といった運動も起こらないだ

やっと見つけた「珍事町」の文字。でも地元住民にとっては当たり前であまり興味がないらしい

音羽珍事町と髭茶屋桃燈町。ライオンズクラブ製表示板だが、年季が入って薄いのが残念

音羽珍事町と音が似ていて気になるのが小山鎮守町

ろうから、地名の保存にとってはかえっていいのかもしれない。

音羽珍事町の奈良街道をはさんで東側は小山鎮守町。この町はインターチェンジの料金所にかかっている。町内に神社などは見られないが、その北隣は小山神無森(かみなしもり)町である。この町名を調べてみると、山科駅の北東四〇〇メートルほどにある諸羽(もろは)神社の御旅所（祭で御神輿が立ち寄る所）がこの地に設けられていたとのことで、しかし十八世紀初頭の『山城名勝志』には神無森の地名について「今、森なし芝あり、此地に於て諸羽神祭礼日神供を備うなり」とあって、森そのものがずいぶん昔に失われていたことを窺わせる。

鎮守の森に隣接する珍事。地名の転訛や当て字は「日本の地名の伝統芸」であるから、「ちんじゅ」と「ちんじ」が隣り合っているのも決して偶然ではなさそうに思えてきた。

雨降り（あめふり）

（東京都西多摩郡奥多摩町）

ある晴れた日に雨降りへ

雲風呂、雨降り、下り。東京都の奥多摩なので自宅からほど近く、以前から気になっていたバス停なのに訪れる機会がなかった。ここを走っているのは、八王子を中心に路線網を延ばしている西東京バス。この珍しいバス停は三つ連続していて、青梅線の終点・奥多摩駅から峰谷（みねだに）行きのバスに乗って三十分ほどの山奥にある。ルートは国道四一一号（青梅街道）で多摩川に沿って遡り、奥多摩湖の縁を渡る峰谷橋で国道から北へ分かれて数キロ入ったところだ。

ただし奥多摩駅発の時刻が七時五十五分、十二時三十五分、それに十五時三十分（休日ダイヤ）だけという一日わずか三往復の超ローカル路線（取材当時）。適当な時

1:25,000「奥多摩湖」平成18年更新に書き込み

間の便がないので小菅（山梨県）行きのバスで峰谷橋へ向かい、そこから歩いて行くことにした。訪れたのは十月十二日、三連休の初日だから、青梅線の電車は登山やハイキングへ行く格好をした人たちの姿が目立つ。

この青梅線は明治二十七年（一八九四）に青梅鉄道（後に青梅電気鉄道）という私鉄として始まった。御嶽（みたけ）から先、氷川（現奥多摩駅）までの山奥の区間は奥多摩電気鉄道という私鉄が建設し、戦時中の昭和十九年（一九四四）には既存の青梅電気鉄道も含めて国鉄青梅線として買収されている。

奥多摩電気鉄道は、日本鋼管や浅野セメントが共同出資していることからわかるよ

うに、鍾乳洞で知られる日原付近で産出する石灰石を、南武線（当時は浅野セメント系の私鉄・南武鉄道）を経由して川崎市内の製鉄所やセメント工場へ運ぶための鉄道として建設された。

戦争末期の資材がきわめて入手しにくかったこの時期に優先的に建設資材の調達を許されて開通した鉄道は、例外なく「戦争遂行のため絶対必要」とされた線区ばかりで、だからこそ国有化も行われている。石灰石輸送は青梅線の輸送の柱であったが、平成十年（一九九八）には鉄道貨物による鉱石輸送が終了となり、奥多摩駅の旅客ホームの隣で白く染まっていた貨物側線も、姿を消して久しい。

そんな背景で急造された路線ではあるが、初秋の渓谷を俯瞰しつつ山へ行く人たちを乗せて、電車は奥多摩駅に到着した。もはや「白くない」ふつうの駅に変わったけれど、昔ながらの山小屋調の駅舎はそのままである。家族連れ、老夫婦など数組の登山客と地元客と思われる数人を乗せて、小菅行きのバスは発車した。険しい峡谷をトンネルで縫う国道四一一号を十五分ほど走ると、間もなく仰ぎ見る角度で巨大な小河内ダムが現われる。このダムは「帝都」の水を安定供給するために戦前に着工され、戦争による中断を経てようやく昭和三十二年（一九五七）になって竣功した。小河内は大半が水没した旧村の名前である。奥多摩湖のバス停で何人かが降り、車内はもう数人だけとなった。急斜面に張り付いた湖岸線に沿って走る。ここはかつての山の中腹で、その穏やかに光る水面の下には、息の長い反対運動を経ながら「帝都市民のため」と、涙を呑んで先祖伝来の土地を明け渡した九四五世帯の思いが沈んでいる。

岬のような地形をくぐるトンネルの手前にある倉戸口停留所で登山姿の親子三人連れが降りていった。私の他には小菅村まで行きそうなおばあちゃんが二人ほど。次のバス停は熱海（あたみ）で、その後も湯場（ゆば）、女の湯（めのゆ）など温泉に関連した停留所が続くが、いずれも家屋は近くに見当たらない。ダムに水没する前、このあたりに鶴の温泉（鶴の湯）

峰谷橋北詰の交差点。峰谷行きのバスはここで国道から分かれて北へ向かう

小河内ダムと奥多摩湖。湖畔の国道411号を走る小菅行きバス（西東京バス）から撮影

という有名な温泉があって、東京の奥座敷として人気があったようだ。

昭和五年（一九三〇）に鉄道省が刊行した『日本案内記』（関東篇）は、小河内温泉を「御嶽駅から西二一粁半、途中氷川まで九粁七の間は自動車の便がある（中略）。温泉はアルカリ性硫黄泉で加熱して居り、創傷、皮膚病などに効くと云ふ。こゝから大菩薩峠を越えて中央線塩山駅に出られる。旅館　鶴屋本支店、湯本館、青木屋外二軒」と紹介している。戦前の地形図で調べると、湯場バス停のずっと下の湖底にあたる場所に湯場の地名と温泉マーク、それに若干の家並みも描かれているから、ここに紹介された旅館が軒を並べていたのだろう。間もなく赤いアーチ橋の峰谷橋が見えてきた。その橋の手前の峰谷橋停留所で降りて歩く。十一時二十分。降りたのは私ひとりだけであった。

国道と違って行き止まりの道なのでほとんど車は通らず、のんびりと歩ける。右手は見上げるほどの急斜面、左手は崖下にダム湖の水面が澱む。ぽつりと佇む駐在所の目の前の坂本バス停を過ぎて北上すれば、ほどなく学校前というバス停と、見上げるように積まれた校庭の石垣の下に小河内小学校・小河内中学校の表札がある校門。しかし地形図には学校の記号が描かれていないから、廃校だろう。道端には屋根付きの自転車置き場があって「小河内中　生徒会」の文字。もちろん一台の自転車も止められてはいない。

　こちらの門は閉ざされているので、バス通り沿いに北側へ回ってみると数軒の集落と雲風呂のバス停が見えてきた。床屋さんのサインポールが回転しているから営業中である。本当なら客として訪れて昔話など聞きたいところだが、たまたま昨日ひさびさに散髪したばかり。そのまま通過して普門寺の山門の脇から徒歩道を校舎へ向かった。秋晴れの運動会日和というのに、がらんと広く誰もいない校庭へ出て見ると、隅の方に「小河内小学校跡」と彫られた石碑があった。裏面を見ると、「平成十六年」

小河内小・中学校がなくなって９年経っても「学校前」を名乗るバス停

「小河内小学校跡」の石碑。平成16年(2004)に閉校した

旧小河内小学校の校舎と子供のいない校庭。裏手には小河内中学校跡が隣接している

（二〇〇四）とあるから、廃校になってすでに九年が経っている。苔が侵入してすでに読みにくくなった文字をたどると、「沿革略年史」と題してこんな風に刻まれていた。

> 明治六年、普門寺に末広学舎を、麦山傘堂に明道学舎を開校。明治二十五年、小河内尋常小学校を菱山慶徳庵に設け、四つの分教場を置く。爾来百十一年、小河内尋常高等小学校、国民学校、小河内小学校と名称変更、幾多の変遷を経て今日に至る。
> 本校は、子弟の学び舎として、また出征兵士の送迎、伝統芸能や体育祭、小河内貯水池問題の舞台として、村民の喜怒哀楽の歴史を深く刻み、村人の心の支えとなり、小河内発展のための偉大な存在として、慈母の如く愛おしみ親しまれた。（以下略）

小河内小・中学校は、ダムができた昭和三十二年（一九五七）に谷底からここへ移転してきたという。校庭を向いた壁の時計は、いつ止まったのか六時七分を指している。昇降口の近くには花が散ったキンモクセイの大木。校舎の窓から中を覗いてみると顕微鏡や長机が置いてあったから、これは理科室だろう。

そのまま雲風呂のバス停へ戻った。地名の由来は何だろう。小字（こあざ）レベルの小さな地名なので地名辞典などにもなかなか載っていないが、国土地理院の地形図サイトで検索してみると、風呂のつく地名は西日本を中心に全国に何十とある。『風呂と日本人』（文春新書）を書いた筒井功さんは、やはり風呂のつく地名が気になり、全国各地の「風呂」の地名を訪ね、地元の人に聞いて回ったそうだ。風呂の原形は、現代人が言うところの、なみなみと湯を湛えて浴槽に浸かるものではなく、蒸し風呂（石風呂）なのだという。今もその石風呂が昔ながらに使われている土地があることをこの本で知って驚いた。『角川日本地名大辞典』の愛媛県今治市石風呂の項目では、「石風

雲の風呂とは実に快適そうだが、伝統的日本サウナが起源か

旧小学校付近から俯瞰した雲風呂の集落。森閑としていたが、床屋さんのサインポールは回っていた

峰谷川に架かる雲風呂橋。ここで清流を眺めつつ昼食をとる

呂とは岩肌をくり抜いた洞穴の中で柴草を燃やし、上から海水をかけて熱気と蒸気の中で汗を流す古くからの民間療法」とあるが、奥多摩のは「雲の風呂」であるから、湯気もうもうという情景が思い浮かぶ。ただしクモは何かの当て字かもしれない。

寺の山門の少し先へ進むと、雲風呂橋という吊り橋が見えてきた。ちょうどお昼時なので川原へ下りて弁当にしよう。峰谷川の清冽な流れを目の前にして手近な平たい石に腰掛け、立川で買ってきた駅弁「鳥めし」の包みを開ける。対岸は「ミニ河岸段丘」のようになっていて、黒っぽい石がきれいに層を成している。紅葉が始まった広葉樹の葉は逆光できらきらと輝いていて、聞こえるのは石の川原をゆく流れの音のみ。地層を眺めながら箸を運ぶ。のんびりした時間である。こんな日当たりのいい川原にいると、『地名語源辞典』(山中襄太著、校倉書房)に風呂の地名について「浅瀬の水の温むところ」とあるのも納得できそうな気がしてくる。

数百メートル歩くと十軒ほどの家並みに入って、そこに雨降りのバス停があった。静かな秋晴れの細道で「雨降り」の停留所はなんとも奇妙だ。このあたりはヤマメやイワナが釣れるらしく、バス停の目の前に「入漁券あります」と札の掛かる商店を覗き、店のおばちゃんに珍しい地名の由来を聞いてみた。

「ずっと昔、雨が降らなかったことがあって、雨乞いのためにお札を滝に浸けたの。

そうしたらやっと雨が降ったらしい。その雨降り滝はここからは遠いんだけど、滝といっても今でいう、水が落ちてるような滝ではなくて、段差がある程度の滝。それでも下の方は深くなってるの。それでこの地名がついた、と聞いています」

実は古語で言う「滝」は、現在のようなどうどうと水が落ちているものではなく、かつては急流を指した。上代では「たぎ」と濁っていたというから、水がタギっている所というのが語源だろう。ちなみに現代語でいう滝は、古語では垂水（たるみ）と呼んだ。そんなことからも、この話はだいぶ信憑性が高そうに思える。いい話が聞けた。

快晴の日でも風情のある「雨降り」のバス停

「下り」のバス停にも上りのバスは来る

１日３往復だけバスが来る終点・峰谷停留所。運転手さんはここで一息ついて折り返す

いくつかカーブを過ぎて家並みが見えてくると下りのバス停である。サガリという地名なら各地にあって、緩斜面つまり下がっている土地を意味したりするが、ここが元から「くだり」とすれば関係ないかもしれない。これについては、峰谷のバスの終点に近い商店に話を聞いてみたが、わからないという。ひょっとして「上り」という地名はないか尋ねたが、残念ながらなし。信州の高遠（現伊那市）に明治八年（一八七五）まであった高砂町の別名下り町が、藤沢川へ下る坂道に沿って町が造られ、その立地条件から命名されたという『角川日本地名大辞典』の記述から考えると、峰谷川へ下る途中だろうか。しかし川と集落は並行しているので無理がある。

それでも雨降りの由来を聞くことができたのは収穫だったなあ、と考えつつ歩いていたら、すぐ峰谷のバスの折返所に着いた。そういえば関東なのに峰谷を「みねや」でなく「みねだに」と西日本風に読むのも珍しい。運転手さんが所在なげに外へ出て深呼吸でもしている様子である。このバスを逃すと夕方まで待たねばならないので、一日三本しかない「上り」奥多摩駅行きのバスに乗った。やがて学校前バス停を通過する。廃校から九年も経って今なお「学校前」を称していたい心情はわかる。都市部と違って、山村の小学校というのは、あの碑文にもあったが集落の心の拠り所のような存在であったから。バスの車窓から見たあの駐輪場に、やはり自転車はなかった。

海外（かいと）（神奈川県三浦市）

三浦半島で「海外旅行」

先日、ちょっと海外旅行へ行ってきた。京浜急行の電車で一路羽田空港、ではなくて快特の終点・三崎口駅からバスで向かう。実は海外というのは地名で、「カイト」と読む。場所は神奈川県・三浦半島の先端に位置する三浦市内で、マグロを目指して観光客が集まる三崎港から北西の方角にあたる海外町である。地図で調べてみると、単に「海外」と称するバス停もあるというから、ここを目的地としよう。

東京湾口に位置する三浦半島には、明治に入って「帝都」の入口を守るべく海軍の本拠地として横須賀鎮守府が置かれた。一帯は東京湾要塞地帯に指定されていたため、

1:25,000「三浦三崎」平成18年更新に書き込み

このエリアの地形図を一般人が目にすることが可能になったのは、昭和二十年（一九四五）以降になってからだ。それまでは代替品として、地形の起伏などの情報が削除されたのっぺらぼうの「交通図」が発行されていたが、この図には海軍工廠（軍艦の造船所を含む）をはじめとする軍関係の施設はもちろん、地形のヒントとなる鉄道のトンネルも一切描かれていなかった。横須賀港の間近を走る横須賀線の電車などは、要塞地帯に入ると、車掌が海側の鎧戸を閉めるよう触れて回ったという。

軍港の地形として、世界各地を見ても共通しているのは深く湾入した海岸線で、ハワイの真珠湾、英国のポーツマス、フランスのトゥーロン、ドイツのキールなどなど、海軍の本拠地はいずれも湾口が狭く奥行きの深い地形に位置している。日本では舞鶴、呉、佐世保などがそれで、工廠などで働く大人数の従業員や軍人、加えてその家族を収容すべき住宅地は、狭い湾の奥に平地が不足していたため、はるかな山上まで広がっており、これが独特な景観を形成してきた。

リアス式海岸（リアス海岸）の横須賀旧軍港はいくつもの入江から成っており、京浜急行の電車はその入江（現在では陸地）を区切るいくつもの尾根を、多くのトンネルで串刺しにした線形で結んでいる。そのトンネルの坑口に記された番号が20を越えたあたりで快特電車は横須賀中央駅に停車、その次のトンネルを出る頃にはこの「リアス式」の地形もようやく一息つく。京急久里浜から先は戦後の開通で、ほどなく海岸越しに房総半島の山々が遠望できるようになると、間もなく終点の三崎口である。ここから三崎港行きのバスに乗った。海外へ直通するバスもあることはあるが、油壺入口で降りて数キロの道をのんびり歩いて行こう。

十分足らずでバスを降り、油壺マリンパークへの道を北上した。三浦市立名向（なこう）小学校の方へ折れてそのまま名向崎の方へ歩く。岬へ続く平らな尾根のような台地は畑で、植わっているのは三浦大根だろうか。左側は深い谷戸になっているが、台地を谷戸が深く刻む地形は半島南部によく見られるもので、地形図に見える「ぐみが作」という小字の「作」は、三浦半島では谷戸のことだ。他の地方の迫（さこ）にも通じる。

しばらく歩くと道路を跨ぐ高い名向陸橋となり、そこから左手に諸磯（もろいそ）湾が俯瞰できる。等高線から読み取れば、陸橋の高さは二五メートルほどだろうか。なかなか見晴らしのよい所である。湾といっても幅一三〇メートルほどの細長い入江で、多くのヨットが整然と碇泊している。この北隣に並行する入江は、明治時代から長らく水位を観測してきた験潮場のある油壺湾だ。諸磯湾の対岸にはリゾートマンションのような建物群も見えてきた。先ほどまで三浦大根の畑を黙々と歩いてきたばかりだが、海と畑が崖をはさんで同居する、というのがこの三浦半島南部の地形の特色である。

ここから下のバス道へ下りようとしたのだが、道が見当たらない。ちょうど通りがかった原付バイクの若いお巡りさんに尋ねると、ずっと東へ戻らないと下りられないという。それだけ崖が急峻である証拠なのだろうが、細道や階段くらいはあるだろう

京浜急行三崎口駅から三崎港行きのバスに乗る

名向陸橋からヨットの浮かぶ諸磯湾を俯瞰

という甘い予想は裏切られた。ふたたび大根畑の中を名向小学校の方へ戻る。それでも逆向きの風景はひと味違うから、二度楽しんだことにしよう。お巡りさんに教えられた分岐を右折、市営諸磯住宅のところへ出た。

ここからバス通りを南下する。諸磯湾の南側から西へ突き出す浜原の半島を越えるのはちょっとした峠道だ。その先に「尾上町油壺シーサイドタウン」という看板があり、奥に新興住宅地らしき家並みが続いている。このあたりの住宅に住む人はどこへ通勤しているのだろうか。東京や横浜はちょっと遠いから、横須賀市内だろうか。横浜市中区の尾上町と同じく「おのえちょう」と読むかと思えば「おがみちょう」だという。これは後で知ったことだが、鎌倉時代に三崎に滞在した貴人を村人たちがここから拝んだ「拝み台」転じて尾上台に由来するという。

タウンの入口には、シーサイドタウンの名とは対照的に昔からの字名に由来するらしい屋志倉（やしぐら）バス停。クラは崖地につく地名だが、現地へ行けば迷わず納得できる。道の東側は擁壁で固められた明らかな崖で、その少し先には見事な地層が浮き出た露頭。芸術的と形容してもいいほど見事なこの褶曲模様には、思わず立ち止まって見とれてしまった。このあたりからが海外町であるが、道が海沿いとなって間もなく、一層見事な露頭が道に面していた。その前には案内板が設置されている。「三浦市海外町のスランプ構造」として神奈川県の天然記念物に指定されているとのこと。地質は門外漢なので予備知識はまったく持ち合わせず、単に「海外」という地名に惹かれて来たのに、これほど見事な露頭に巡り会ったのは収穫だ。

案内板によれば、この一帯に露頭として見られるのは「三崎町砂岩シルト岩互層（三崎層）」で、これは第三紀（およそ六六〇〇万年〜二六〇〇万年前）の海底で灰白色のシルト層と黒色のスコリア層が交互に重なってできたもので、そのために黒白の縞模様になっている。さらにその下側に見られる、まるで嵐にもまれたような激しい褶

「三浦市海外町のスランプ構造」とその案内板。のたうつ褶曲が大迫力

海外の漁港。船溜まりにも「砂岩シルト岩互層」が見え隠れ

曲模様が「スランプ構造」によるものだそうだ。

スランプというカタカナ言葉は成績や気分が落ち込む時に使われるが、英語のslumpは本来モノや人が「崩れ落ちる」「倒れ込む」といった意味である。地質学で使うスランプ構造は、まだしっかり固まっていない堆積物が「一時的に海底などの斜面をすべり下った結果生じた特異な堆積構造」であり、いずれにせよ怒濤のような強大な力が働いてできたことは間違いない。

案内板では最後に「地層を構成するシルト岩やスコリア質の凝灰岩、砂岩等が未だ固まっていないコロイド状態にあった時、東から西にむかっての海底地すべりによって転位変形した結果生じたものと考えられ、典型的な褶曲型のスランプ構造といえます」として、当時の環境を知る上で貴重な露頭である、と締めくくっている。

スコリアというのは軽石の一種（軽石より気泡が少ない）だから、富士や箱根などの火山から噴出し、風で飛んできたものだ。要するに黒いだんだら縞の黒の数だけ大規模な噴火があった証拠で、この一段が仮に何百年おきとしても、この露頭を一瞥しただけで何万年、何百万年という年月の積み重ねが一望できることになる。しかも、海底にあったものがこれだけ持ち上げられているのだから、地球というものが実に壮大なスケールの「生き物」であることを実感させられる。

その案内板から少し先へ行った交差点に、昔ながらの風情ある商店があった。長者盛、澤之鶴など清酒のロゴ文字が躍る古い看板を掲げている。海外バス停はそのすぐ近くにあった。珍しい地名であることを誇っているわけでもなく、昔から自然体でバス停をやっていますといった雰囲気で、気負いはまったく感じられない。

家の裏口から出てきた漁師然としたおじさんに海外の地名の由来を尋ねてみると、「ああ、たしかに珍しい読み方だけど、由来なんてものは知らないよ」と素っ気ない。反応はどこの地方でもだいたいそんなものだが、まずはバス停の写真を撮り、海外の

海外バス停すぐ近くの交差点には、昔ながらの酒屋があった

狭い路地が迷路のような海外の集落。ひと様の庭に侵入してしまいそう

集落を回ってみることにした。やはり漁師町らしく、路地の狭さが半端ではない。自動車どころか自転車も難儀しそうなくね曲がった道が軒下と庭先の間を縫っている。当てずっぽうに歩いていたら、思いがけず先ほど商店の奥に見えた羽床（はゆか）総本店の脇に出てきた。「元祖まぐろ漬」という看板が掛かっている。ここで土産物を買うことにしよう。保冷剤入りの包みを受け取って店を出た隣が「海外会館」である。覗いてみるとおばちゃんと若い役場関係の人が軒先で立ち話をしていた。そこへ図々しく割って入り、海外の地名について尋ねてみると、何か聞いたことはあるけれど……たしか町のはずれで「海の外側」ということでこの地名になったらしい、といった話をしてくれた。

　すると奥の方にいた六十代とおぼしきおじさんが「そういえば、海外の地名の由来を書いた本があったなあ」と会館の奥を探し始めてくれる。しばらく世間話をしているうちに、奥のおじさんが「あった、あった」と『二十五年のあゆみ』という箱入りの本を持ってきてくれた。三浦市区長会が昭和五十七年（一九八二）に編集・発行したものである。三浦市で「区」といえばおおむね大字のことだ。その中に「海外区の沿革」と題する一節がある。やっぱり町内会館には首を突っ込んでみるものだ。

　コンビニも近くにないので、本をその場で書き写させてもらい、行きがかり上ちょっと留守番することになった。初めての闖入者(ちんにゅうしゃ)に会館を任せるとはおおらかだ。途中で会館の主のような白い老猫が黙って入ってきて、しばらく身体の手入れをしていたが、十分もしないうちに何も言わずに出て行った。あれは客人の様子を見に来たに違いない。

件(くだん)の本によれば、この地には周囲の台地から縄文土器や古墳時代の遺跡などがいくつも見つかっていることから、人が住み始めたのは相当に早い。台地に刻み込まれた谷戸田では農耕、海辺では漁業が行われ、半農半漁のような生活形態だったようだ。

ズバリ海外会館。貴重な資料を見せてもらった

この白猫は海外会館の主だったのか……

谷戸田の谷のことを「ト」と称しているから、「カイト」もこのあたりから来た名かもしれない、という。

実はカイトという地名は全国的に見ればかなり多く、特に東海から近畿にかけて「垣内」の字を当てる例が目立つ。関東にはそれほど多くはなく、しかも「垣内」の字ではなく皆戸、海道のようにランダムな字が当てられるのが特徴だ。カイト地名についてはいろいろな学者が研究していて、古代では垣に囲まれた農地といった意味合いだったのが、中世では荒れ地などを開発した私有地に名付けられる場合が多くなったという。考えてみれば地名も生き物であり、時代の経過に伴って意味も空洞化したり、転訛して原形がわからなくなる場合もある。ここの海外もやはり開拓地由来なのだろうか。

『二十五年のあゆみ』によれば、海外という漢字表記は明治九年（一八七六）の当地の地租改正以来だそうで、それ以前は口承だけで特定の文字がなかったのかもしれない。地元では「ケート」と発音するそうだが、これは大工をデークというのと同様、いわゆる関東風だ。三浦半島は房総半島と同様に関西の漁師が移住した例も少なくないことから、関西由来のカイト地名が移植されたものだろうか。関西から来た先進技術を持った漁師グループは、いずれにせよ「海外」からやってきたには違いない。

三浦半島は関東大震災の時に一メートル以上も土地が隆起し、至る所で海底が顕われたというが、何度にもわたって持ち上がった結果、かのスランプ構造も人目にさらされるようになった。いずれにせよ、かつての漁師グループがカイトというニュータウン（？）をもたらしたのがどれほど太古の昔だとしても、そこから現在までの歴史など、黒白互層の縞々の数段分に過ぎない。大和魂だ日本人だと威張ってみても、地球的な時間軸の中で考えれば、人類はまだまだ新米である。そんな中で「スランプ」に陥ったとしても、気に病むことはない。

昼食に三崎港でいただいたビントロ丼。美味でした

漁港前で気負いなく今日も佇む海外バス停

駅部田（まえのへた）（三重県松阪市）

「駅」で始まる駅の町

駅部田（まえのへた）という地名が三重県松阪（まつさか）市にある。今はなき駅名——駅の字で始まる珍しい駅名として以前から気になっていた。なかなかの難読地名である。この駅は今から約半世紀前の昭和三十九年（一九六四）、東海道新幹線が東京オリンピック開幕に合わせ、鳴り物入りで十月一日に開通した後の十二月にひっそり消えた三重電気鉄道松阪線の駅名である（廃止時は篠田山駅）。ちなみに当時の読みは現在と少々異なる「まやのへた」であった。

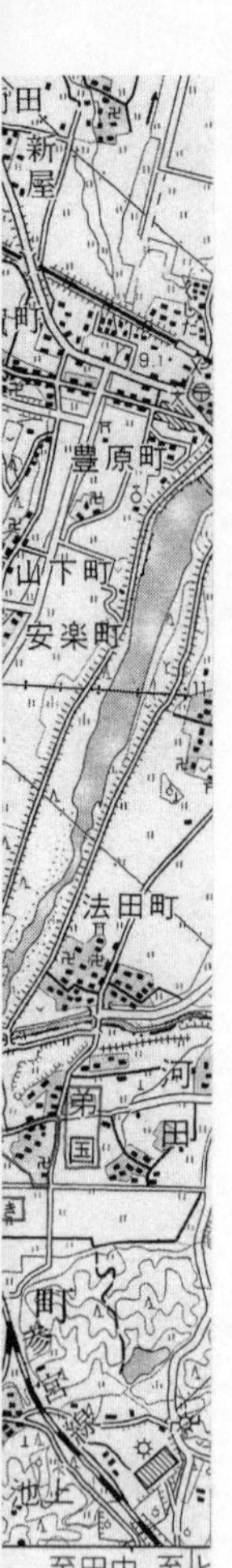

1:50,000「松阪」平成21年修正に書き込み

この私鉄線は松阪から南下、相可あたりから櫛田川に沿って西へ向かい、大石という小駅で行き止まりの二〇・二キロ。大正元年（一九一二）に開業した時は松阪軽便鉄道と称した。「紀伊半島横断」のような大それた計画をぶち上げていたわけでもなく、当初は大石の少し先の旧柿野村までというから、当初の目的地は現松阪市内になった飯南町横野あたりだろうか。大阪方面からの参宮に用いられた伊勢本街道の宿場である。沿線には射和を除けば目立った集落もなく地元の足に徹する地味な存在で、戦後のモータリゼーションの波を受けて廃止された。

さて、駅という字は今では誰もがエキと読み、幼児でもこれが鉄道の停車場を意味することは知っている。しかし少なくとも明治時代まではそうではなかった。駅という字を漢和辞典で引くと最初に「継ぎ馬」の字義が述べられているように、宿場に常備してある馬で、隣の宿場までの間をこの馬で旅する。転じてその継ぎ馬の置かれた「うまや」――宿場の意味になった。旧字の驛の旁の部分は「次々にたぐり寄せる」という意味がある。「演繹法」の繹の字も糸を引き出す、連ねるといった意味だ。

だから江戸時代や明治初期の地図で「板橋駅」とあれば現在のＪＲではなくて中山道の板橋宿を指す。これに対して明治期に汽車が停まったのは「停車場」である。テイシャバが用語として長過ぎるからか、陸上交通の主役が徒歩や馬から鉄道に完全に移行した大正末頃からか、駅といえば徐々に鉄道停車場を意味するようになっていく。鉄道駅の歴史は当然ながら浅いので、それより古い時期に生まれた「駅つき地名」は宿場関連の由来を考えたほうがいい。

十一月の晴れた日、名古屋から近鉄特急に乗って松阪の「停車場」に降り立った。駅前のロータリーには四角い形をした鈴がモニュメントのように置かれている。この時は素通りしてしまったが、後で調べると宿駅の馬を使う時に鳴らした駅鈴（えきれい）であった。古代の駅鈴コレクターだった松阪出身の本居宣長（もとおりのりなが）が、石見（いわみ）浜田藩主松平康定に『源氏物語』を講釈した際に贈られたものがモデルという。写真を撮り逃したのは惜しかった。

三重電気鉄道松阪線の廃線を戦前の地形図で調べ、それを現代の地形図にメモしたものを片手に、久しぶりの廃線歩きを兼ねて、駅部田を訪ねてみることにした。新旧地形図を対照してみると廃線跡はその大半が滑らかなカーブを描く生活道路として使われているから、藪こぎなどする必要はなさそうだ。松阪駅から三十分も歩かないうちに駅部田町（地図の左上）に入る。

用水を渡る小さな橋のたもとにはコミュニティバスの駅部田（まえのへた）五月橋（さつきばし）という停留場が置かれ、すぐ近くには「メゾン・ドゥ・スタシオン」というアパート。フランス語のカタカナ表記らしく、スタシオンはステーションだろう。いずれにせよこのあたりはどの駅からも離れており、そうなるとやはり駅部田という町名を意識しているのだろうか。または旧松阪線の駅部田駅の跡地にほど近かったという史実を物語っているのか。

近くに喫茶店があったので一休みに入った。モーニングサービスの時間は過ぎていたが「サービスしましょう」と、コーヒーにトーストとサラダ付き。これをもって早めの昼ご飯にした。駅部田という地名は珍しいですね、と店の女性に尋ねると「私も他所から来たので最初はエキベタと読みましたよ。でも元校長先生の詳しい方に聞いたら、駅というのは宿場のことだそうです」と的確な答えが返ってくる。歴史がお好きだそうで、地名の由来にも興味があるらしい。その元校長先生も含め、珍しい地名はそうやって守られていくのだ。

『角川日本地名大辞典』を改めて調べてみると、この地名は「まやのへた」とも「まいのへた」とも読んだという。戦国時代には厩部田と書いたそうで、やはり「うまや」が転じたのは明らかだ。この地はかつての飯高郡（後に飯南郡）で、ほど近い安濃郡にもかつて部田の地名があったため、そちらと区別すべく松阪の宿場にちなんで「駅の部田」と称したという。松阪は城下町であるとともに伊勢街道の宿場でもある。

それでは部田（ヘタ）は何かという疑問も出てくるが、これは難しそうだ。手元の『地名語源辞典』（山中襄太著、校倉書房）でヘタの地名を探すと辺田、戸田、部田などの字を挙げ、「川の岸に近いガケ端（佐渡）、山の中腹の急でないところ（房州）」などが紹介されている。駅部田は平地だから、選ぶとすれば川岸説だろうか。最後に「その意味ははっきりしない」と締めくくられているので、あまり我田引水のような解釈はしないでおこう。

一息ついたので、喫茶店を出て廃線歩きを続ける。「サンハイム駅部田」というマ

JR・近鉄の松阪駅。撮り損ねた本居宣長の駅鈴はこの左側にあった

駅部田五月橋のバス停。この近くに「メゾン・ドゥ・スタシオン」というアパートがあった

旧熊野街道。お伊勢参りやはるばる熊野へ向かう旅人が歩いた道である。焼橋にて

ンションも見えた。難読地名は多くが印象的なので、結局は「中央ハイツ」などよりずっと記憶に残り、地点を特定する力、いわゆる「地名力」は勝っている。金剛川を渡るあたりで廃線跡の道が途切れたのを機に、国道四二号の西に並行する熊野街道の旧道をたどる。このあたりは焼橋という小地名。どんな由来があるのだろうか。少し左右に低い山が迫って廃線跡は林道の趣となる。自動車はほとんど通らず心地よい廃線道だ。休耕田の一部は錦鯉の養殖池となっている。田んぼの向こう側には竹藪、畔道には実が彩りを添える柿の木が一本。ここを半世紀前まで走っていた電車の姿を想像する。

少し南下するとかつて蛸路(たこじ)駅のあった場所だ。もちろん駅名標も残っておらず、ホーム跡の石積みだけがわずかに残るのみ。集落は上蛸路と下蛸路に分かれているが、『角川』によれば古代はこのあたりが入江で、釣った蛸を神宮（伊勢神宮だろう）に献上する道筋にあたり、蛸道、蛸途などと記したという。しかし標高は三〇メートル近くあるので、入江だったとすれば一二万年以上前の「下末吉海進期」になってしまうので、おそらく蛸の字が生んだ地名伝承だろう。タコ地名はアイヌ語のタッコ（タプコプ）で「小さな山」であるとする説もあるが、西日本なので、この説はさすがに怪しい。

県道と交差した先には下蛸路の駅があったはずだが、これは跡形もなかった。そのまま道は緩いカーブを描いて森の中を抜けていく。水田の中をまっすぐ続く廃線道路の向こうには紀州まで続く重畳たる山並みが幾重にもシルエットを見せている。地形図には櫛田川のまん中に「燈明岩」という岩があるので、どんなものかと堤防へ上ってみた。確かに流れの中洲の部分に少し高くなった岩があり、近づいてみるとまん中に丸い穴が空いている。このあたりにかつては燈明が据えられていたのだろうか。それとも自然の丸い穴を燈明に見立てたのか。

森を抜ける廃線道路の傍らに残る蛸路駅のホームの残骸（道の右側）

田んぼの中をまっすぐ続く廃線道路。紀州へ続く山並みが幾重にもシルエットを見せる

丸い穴が特徴的な燈明岩。ここに灯された燈明が船の安全を守っていたのだろうか

この先は櫛田川に沿って兄国と弟国という珍しいペアの地名があるので、そのあたりを歩きながらJR紀勢(きせい)本線の多気(たき)駅まで歩くつもりだ。廃線から外れて国道四二号の新両郡橋を渡る。もう少し上流側にある両郡橋の新道に架かる新しい橋で、両郡とは北岸の飯南郡と南岸の多気郡を結ぶことからの命名だ。北詰にあるのが松阪線の駅もあった射和(いざわ)の町。これも難読地名だが、江戸時代以前から近くの丹生(にう)で産する丹――丹砂(たんしゃ)、つまり硫化水銀を原料とした白粉(おしろい)や薬品を扱う豪商が活躍して賑わったという。岩の燈明はそれらを運ぶ櫛田川の交通安全のために設けられたのだろうか。

紀勢本線の相可(おうか)駅にほど近い荒蒔(あらまき)から櫛田川の堤防沿いに東へ向かうと、すぐ兄国(えくに)の集落に入る。兄を「え」と読むのは考えてみればそれほど難読ではなく、甲乙丙(きのえきのとひのえ)丁(ひのと)……の十干(じっかん)の「え=兄・と=弟」でおなじみだ。兄国の由来は手元の地名辞典類を見ても載っていない。ただし、同じ多気町内のペア地名である弟国の読みは「おとくに」などではなく「おうぐに」であるのが気になる（地元の地名標識には「おおぐに」とルビ）。しかもこの地名、平安時代には「大国」の表記で、弟国になったのは江戸時代頃というから、こちらは強いてペア地名にするために表記を変更したものだったりして。

「おとくに」といえば京都府南部に乙訓(おとくに)郡があるけれど、古くは葛野(かどの)郡に属していたものを大宝令の施行時（七〇一年）に分離したものという。それで元からの兄国・葛野郡に対して弟国だということで、それが後に乙訓郡に変わったという。

川沿いの兄国から多気駅への道をまっすぐ東へたどり、相生神社の樹叢を左に拝んでそのまま佐奈川を渡った。この川を少し遡るとシャープの液晶工場（三重工場）のある五佐奈（ごさな）に至る。この会社は最近業績がなかなか厳しいらしいが、シャープという社名が、創業者の早川徳次（とくじ）が大正四年（一九一五）に発明した金属製の早川式繰出鉛筆、後のシャープペンシルにちなむことは今まで知らなかった（地下鉄の父・早川徳（のり）

兄国のバス停と案内板

田んぼの向こうは弟国

煉瓦積みの橋脚が明治からの歴史を感じさせる紀勢本線の避溢橋。左方に櫛田川橋梁が続いている

次（つぐ）は別人）。

寂しくなった商店街の突き当たりが紀勢本線と参宮線の分岐点である多気駅だ。昔懐かしい駅前旅館もある。かつては機関区のあった駅だから、駅員も大勢勤めていたはずで、それなりに賑わっていたのだろう。構内はがらんと広く、今は手持ち無沙汰な印象。駅前の踏切を渡ればすぐ弟国である。今日は穏やかに晴れているが、歩いている人は見かけない。刈り取りの済んだ田んぼの中を歩きながら静かな集落に入った。

兄国と弟国の共通の（兄弟の？）枝郷が朝長（あさおさ）という櫛田川寄りの集落で、明治・大正期には上流部の荷をここに集結、陸揚げして相可口駅（現多気駅）で汽車に積んだという。川近くの中朝長へも寄ってみたが、近代的に整備された堤防の風景からは河岸の賑わいは想像できない。紀勢本線の櫛田川橋梁のすぐ南側に架けられた避溢橋（ひいつきょう）――川の氾濫時に鉄道築堤が水を無用に堰き止めないため通水する橋梁――のクラシカルな六角断面の橋脚と、そこに積まれている古びた煉瓦から、過ぎ去った水運の時代と機関区の賑わいを想像するばかりであった。

昼飯（ひるい）（岐阜県大垣市）

昼飯町で昼飯を

昼飯町という珍しい地名が大垣市にあることは、たしか高校生の時から知っていた。この頃ずっとつけていた「珍地名ノート」に記録したかどうかは思い出せないが、五万分の一地形図「大垣」を眺めた際、何だこりゃと思ったので印象が強い。読みはヒルメシ町ではなく、「ひるいちょう」である。そこには時刻表に載っていない鉄道、つまり貨物専用の西濃（せいのう）鉄道があって、昼飯駅も存在した。この鉄道は東海道本線（支線）の美濃赤坂駅から石灰鉱山まで通じていたものである。

この貨物鉄道を見学がてら、昼飯町で昼飯でもということで出かけてみた。大垣駅に着いた時間にはちょうどいい美濃赤坂行きの電車がなかったので、駅前から間もな

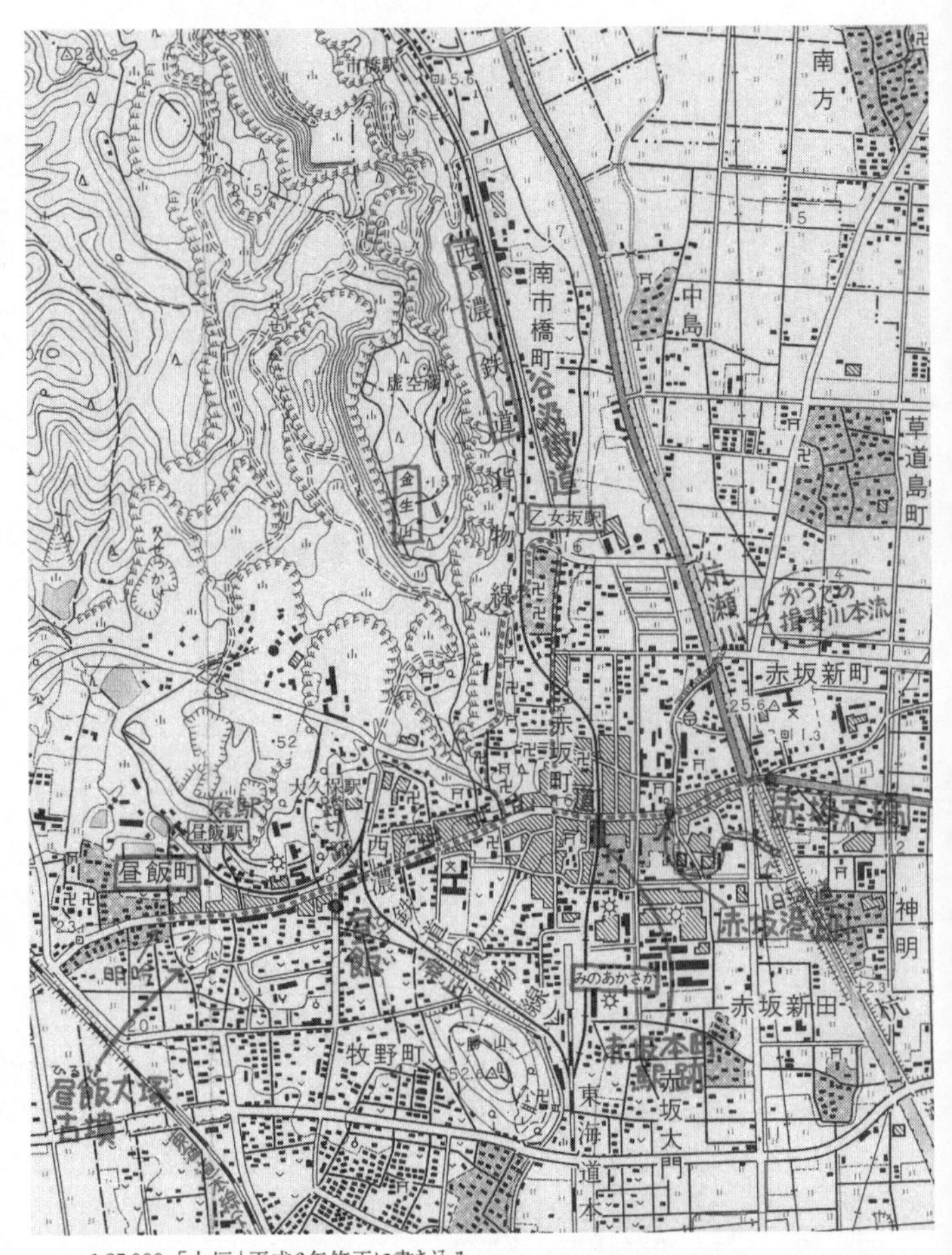

1:25,000「大垣」平成6年修正に書き込み

く発車する名阪近鉄バスの赤坂行きに乗った。朝のラッシュを少し過ぎた時間なのに、乗客は私を含めてわずか二人、それも一人は数分で降りてしまったので、あとは私だけの貸切状態となった。地方でバスに乗るとこのような状況は珍しくない。やはり大都市圏を外れるとクルマ社会である。紡績工場の跡地にできたショッピングセンターと巨大な徳洲会病院の間を抜けて西へ向かい、乗って二十分ほどの赤坂大橋停留所で下車。運転手さんだけになったバスは、もう一息の終点を目指して走り去った。

橋の東詰はこれまで走ってきた大垣からの道が旧中山道に合流する地点で、これを渡って西へ進めば木曽街道六十九次とも呼ばれる中山道の赤坂宿である。大橋といっても渡るのは川幅三〇メートル足らずの杭瀬（くいせ）川。いかにも旧街道沿いのたたずまいとなって道は左に緩く曲がっていく。間もなく「赤坂港跡」という意外な名前のバス停に着いた。海も湖も大河もないのに港とはどういうことかと思えば、実は先ほど渡った杭瀬川こそかつての揖斐（いび）川本流で、それが享禄三年（一五三〇）の大洪水でずっと東に流れを転じたのだという。

中山道を西へたどると「河合石灰工業株式会社」の看板が目に入る。この先何軒か石灰と大理石に関連する工場が目立ったが、その石を採掘している現場が、赤坂の北側に位置する金生山（きんしょうざん）。全山石灰岩でできており、町の案内看板によれば、二億五〇〇

○万年前に海底だったところが地殻変動で隆起してできたという。このあたりの石灰岩はもともと海底に生きていた有孔虫や珊瑚、貝類の殻が堆積したものだ。近代に入って石灰の山はどこもセメント需要の急増で採掘が盛んになり、埼玉県の武甲山や福岡県の香春岳と同じように、ここでも山は大々的に切り崩され、かつての姿はとどめていない。

赤坂大橋からこちら、家々の甍の合間からは石灰岩特有の灰色の崖が垣間見え、その麓には石灰の粉を浴びて白くなった石灰や大理石の加工工場が並んでいる。その山から切り出した石灰岩や大理石を東海道本線へ運び出すために敷設されたのがJR美濃赤坂線（正式には東海道本線の支線）で、その終点が美濃赤坂駅である。この駅からは前述の西濃鉄道が線路を延ばしていて、現在も美濃赤坂～乙女坂間には一日数往復の貨物列車が運転されている。昨今では石灰岩の輸送はベルトコンベアに変わったところが多く、現在でも石灰列車が見られる珍しい路線となった。

ほどなく西濃鉄道の踏切を過ぎる。一日数往復の貨物列車が通るだけであるが、通りかかる自動車はみんな律儀に一旦停止していく。傍らに石柱が立っているのを見ると「赤坂本町駅跡」。踏切の南側を見れば、一両分に満たないほどの短いプラットホームの石積みが残っていて、戦前までそこに旅客列車が停まったという。昭和六年

かつての揖斐川の暴れ方をしのばせる「赤坂港跡」のバス停名

(一九三二)の時刻表によれば西濃鉄道の旅客列車はすべて大垣から直通で、七往復が市橋(乙女坂の少し北にあった。平成十八年廃止)行き、二本だけ美濃赤坂行きとなっていた。市橋行きは美濃赤坂に停まらず、この中山道の踏切脇の赤坂本町駅に停車する。美濃赤坂に停まるのは、ここが終点の列車だけであった。そのあたりの事情は、冒頭の地形図を見れば一目瞭然で、要するに町並みの中心が赤坂本町駅付近だから。大垣から赤坂本町まで、当時の気動車は約二十分で結んでいた。

少し先の四つ辻は北の谷汲山華厳寺(たにぐみさんけごんじ)へ向かう谷汲街道、南へは養老街道に分かれていて、昔ながらの宿場の辻の風情が残っている。交差点の案内板によれば、赤坂宿は中山道六十九次のうち江戸から数えて五十六番目の宿場にあたり、「東西に連なる街筋には本陣脇本陣をはじめ旅籠屋十七軒と商家が軒を並べて繁昌していた」という。谷汲街道に沿った線路はこの先、生石灰や消石灰などを生産する矢橋工業の工場に吸い込まれていく。市橋のひとつ手前の乙女坂貨物駅まで歩いたが、一日数本の貨物列車に偶然会えるほどの幸運は持ち合わせていない。石灰で構内全体が白っぽく染まった駅構内をぼんやり眺めていると、鉄道貨物が全盛だった高度経済成長期の京浜工業地帯を思い出す。

ふたたび旧中山道に戻る。赤坂の家並みも西の外れまで来ると、今度は廃線の踏切跡が道を横切っている。線路側はフェンスで塞いであり、遮断機の根本には朽ちかけた踏切番小屋。持っていった地形図は最新ではなく平成六年（一九九四）修正版だから線路が描かれていた。踏切のすぐ北側には大久保駅があったはずだが、線路には草が生い茂っているから、だいぶ長らく使っていない雰囲気だ。後で調べてみると平成十八年（二〇〇六）にこの区間は廃止されたそうだが、それ以前から使用停止状態だったように見える。

この状態では終点の昼飯駅が痕跡を残しているかどうか不安だ。昼飯町のエリアは踏切跡を過ぎたあたりから西側である。家並みに特に変化は見られないが、「昼飯町」の町名表示板があったので写真を撮る。近くには昼飯バス停もあった。こちらは町の字がないので、より迫力がある。

すぐ近くの昼飯大塚古墳にも寄り道してみることにしよう。古墳は平成十二年（二〇〇〇）に国の史跡に指定され、同十三年春に歴史公園が完成したばかり。「復元ゾーン」には埴輪のレプリカを数多く並べ、葺き石も敷き詰められて往時の雰囲気を再現している。作業には地元の小学生も協力したという。前方後円墳の上へ登ってみた。

旧赤坂本町駅のホーム跡。貨物専用の西濃鉄道だが、戦前は旅客輸送も

中山道赤坂宿の中心。この先の四つ辻から谷汲街道、養老街道が分かれる

石灰関連工場の中にある西濃鉄道の乙女坂貨物駅

大塚というだけあってなかなか高く、頂上からの見晴らしは良い。西には伊吹山地が聳（そび）え、南西方向には断層山地で知られる養老山地が続く。西の谷を中山道沿いに進めば、近江へ通じる古戦場の関ヶ原である。そして北の間近には町の背後の金生山と石灰関連工場の数々、南側には濃尾平野が霞みつつ広がっている。しばらく眺めていたらもう十一時過ぎだ。いよいよ昼飯で昼飯を食べる時間が近づいていることを思い、古墳を下りる。

その前に昼飯駅跡へ行ってみた。近づくと踏切跡に面して古びた小屋がある。鉄道廃線歩きは何度もやっているので直感的にもう駅舎であることがわかったが、近づいてみると軒下に旧字で「晝飯駅」と墨文字で書かれているではないか。よく保存していてくれた、と感謝したい気持ちになってくる。しかし駅舎はもちろん扉が閉ざされたままだ。

写真を撮っていたら、仕事をひと休みといった風情のお爺さんに声をかけられた。どこから来たと聞くので、東京から昼飯の地名を、と答える。それは物好きだなあと言われる前に地名の由来を尋ねると「うーん、昔は大きな街道の宿場だろ？　そこで大名か何かエライ人がここで昼飯を食ったとか、そんなことを聞いたことがあるよ」地元の出身かどうか尋ねたところ、いや違う、長崎県五島列島。若い頃に名古屋へ出てきた、という。昼飯で昼飯を食べたいとベタな企画趣旨を説明すると、別に面白がるでもなく「おお、そこまっすぐ行って街道を左へ曲がったところに明吟という中華屋があるよ」と教えてくれた。

その明吟へ行って回鍋肉(ホイコーロー)丼を注文した。昼飯って珍しい地名ですね、とご主人に聞くと、なんと前年の秋にNHKが撮りに来たという。正午のニュースの後でやっている「サラメシ」という番組だ（昼は再放送）。私が自宅にいる時はこの番組が始まるのを合図にテレビを消して仕事に戻るので、知らなかった。それでも先を越された悔

廃止された昼飯線の踏切。この少し西側が昼飯町

名阪近鉄バスの昼飯停留所。シンボルは大垣の柿

昼飯大塚古墳より伊吹山(右手)方面を遠望する。中央の低くなったところが関ヶ原

しさは不思議とない。まあ昼飯で昼飯、なんて誰でも考えそうなものである。

番組の内容についてネットで検索してみると、店から少し西に位置する如来寺の住職・本多さんが「弘法大師が昼飯を食べたなど諸説があるけれど、善光寺を興したとされる本田善光が大阪から仏様を運ぶ際、この地で昼飯をお供えしたとされている」と由来を話されたそうだ。私も遅まきながら（あえて取材前には調べないのだが）『角川日本地名大辞典』で調べてみると、やはり「信州善光寺本尊が難波から信濃へ移る時に奉持者が花岡山で昼食をとったことによると伝える」とあった。

しかしちょっと待て。地名を字義通りに解釈するな、というのは地名学の第一歩である。そこで他のヒル地名を探してみると、たとえば隣の三重県亀山市の昼生（ひるお）という地名は通称「ひびる谷（蛭谷）」に由来、ヒルの生息地という説があるというし、同じ三重県の伊勢神宮にほど近い玉城町の昼田（ひるた）は「よく乾燥して干上がる（干る）田であるから」。そこで大垣出身の知人に尋ねたところ、わざわざ実家に問い合わせていただき、「あそこはヒルが住むような湿地帯だったから」という説を聞いたとのこと。

干上がるほど乾燥しているのか、それともヒルが住むほどの湿地か。謎は深まるばかりだ。この昼飯の地名も『角川』によれば戦国時代の文書には昼居と書いたらしいから、そもそもメシ説は最も怪しいのであるが、「昼飯で昼飯」イベントも無事終わったことだし、とりあえずここの部分は読まなかったことにしよう……。

ところで、本田善光さんが昼飯を食べた花岡山とはどの山だろうか。地形図で周囲を見渡してみたが、どこにも載っていない。『角川』で金生山を調べると「今は金生山と総称しているが、くわしくは金生山・更紗山・愛宕山・月見山・花岡山などに分かれている」とあった。手元の昭和七年（一九三二）修正の二万五〇〇〇分一地形図を引っ張り出してみると、金生山の位置は今は石灰を掘り尽くしてしまったあたりに山頂が描かれていて、山体も現在よりはるかに整った形をしている。

昼飯大塚古墳から金生山を遠望する。中央の空白部が石灰岩を削り取られた部分

まだ残っていてくれた昼飯駅の駅舎。構内には今もレールが残る

昼飯駅跡の入口に残る墨痕鮮やかな駅名標

昼飯で昼飯。中華料理「明吟」のボリュームある回鍋肉丼

ところが現行図で比較すると、このあたりは各所で山が大々的に切り崩され、原形を留めていない。善光さんが昼飯にした花岡山というのは、ひょっとするとすでに採掘されて消滅し、どこか遠くのビルの柱にでも姿を変えているのだろうか。あるいは学校の運動会で校庭に引かれた白線に姿を変え、子供たちのシューズに蹴散らされたか……。

かぎあな・鍵穴・桑木穴・香木穴

かぎあな

（静岡県富士市・静岡市）

四つの「同音異字地名」の謎

この地形図を初めて見た時は驚いた。かぎあな・鍵穴・桑木穴・香木穴という四つの地名が集まっていて、いずれも「かぎあな」と読むのだから。それにしても、どんな理由があってこんなことになってしまったのだろう。十年以上ずっと気になっていた地名である。

この地区には香木穴橋というバス停があって、調べてみると東海道線の由比駅から「ゆいばす」で三十分の道のりであることがわかった。ただし一日四往復だけ（取材当時）で時間がうまく合わず、結局は新幹線の新富士駅からレンタカーで行くことに。「こだま」を降りると駅北口の富士山はまっ正面であるが、あいにく雲が懸かってい

1:25,000「蒲原」平成7年修正に書き込み

て上の方が見えない。昨日までずっと晴れていたのに、と雲の上に目をやれば、想定外の高さに雪を戴いた剣ヶ峰あたりが頭を出しているではないか。今さらながら相当な高峰であることを実感する。以前ある大学で非常勤講師をしていた頃、富士市出身という学生が「富士山は静岡県側から見るのが一番です」と胸を張って断言していたのが印象に残っている。

駅前で借りたのは日産マーチ。しかしキーの穴が見当たらないではないか。係員は「このボタンがオンとオフなんです」という。最近の車はどうやら家電に変わったらしい。これから鍵穴へ行くというのに、鍵穴のない車とは妙な具合だ。

新富士駅から北西へ進み、旧国道へ出るとほどなく富士川を渡る。この川の名前は、学生時代に私が「ふじがわ」と発音したのを、富士市出身の友人に「ふじかわ」とすかさず訂正されて以来間違わなくなった。この旧道に架かる富士川橋は大正十三年（一九二四）に竣功以来九十年（取材当時）に及ぶという立派な「下路曲弦プラットトラス橋」で、これだけの大きな橋には珍しく、渡った先が突き当たりで左右に分かれている。六連続くトラスのうち西詰側の二連だけ新しくなっているのは、右折レーンを作るため拡張したからという。ここで左折すれば東海道、右が身延道（みのぶみち）である。渡った先の岩淵（いわぶち）は東海道の吉原宿と蒲原（かんばら）宿の間に置かれた立場（たてば）で、江戸期は富士川の渡し舟の発着点であった。その河港は富士川を下ってきた甲州の年貢米などの物産を大船に積み替える交通の要衝で、それゆえ昔は岩淵名物として「甲州竜王煙草」が知られていた。白帆を挙げた船が下る光景は明治に入ってからもしばらく見られたというが、JR身延線の前身である富士身延鉄道が開通して衰退した。

身延道（県道一〇号）を北上、途中で旧道に入ると、ほどなく新東名高速道路新富士川橋の「鋼コンクリート複合アーチ橋」をくぐる。このあたりは両岸に山が迫っているので、かなり高い位置で上下線それぞれのアーチが弧を描いている。山の先は根方という集落で、ここで渡るのは血流川（ちながれ）という曰くありげな川。ネットで検索してみると「むかし武田信玄が攻めてきて合戦になった。たくさんの人が死んだので川が血に染まった」といった説が紹介されていたが、これはにわかに信じ難い。地名の多くがそうであるように、これも何かの当て字なのだろう。

ここから血流川に沿ってしばらく遡るうちに勾配は徐々に急になり、血ならぬ名残の赤い紅葉がはっとするほど鮮やかな輝きを見せている。足ケ久保という集落からはつづら折りの道だ。地形図では二条道路（二本線で表現される道路）なので、規定通りなら「二車線道路」のはずだが、すれ違いはまったく不可能な区間がほとんどという昔ながらの里道が続く。雲の上に顔を出した富士が随所で望めるのが魅力的だ。血流川橋のところが標高四五メートル程度だったが、四〇五メートルほどまで上がったところで分水界となる。この西側は由比川の水系で、ちょうど見晴らしの良いところが「東海自然歩道」の駐車場となっているので、ここで車を停めて歩いて行くことにしよう。あまりにも簡単に目的地に到達してしまうのはもったいない。

鍵穴のない車のスイッチをオフにして、鍵穴に向けて歩き始めた。峠からの道はしばらくススキの原で、遠くまで幾重にも連なる山また山が見渡せる。徐々に下って杉林の中の一本道を抜けると人家が見えてきた。ここが北東端の桑木穴（かぎあな）集落である。ク

新東名高速の新富士川橋。桁が鋼製、アーチがコンクリートという珍しい「鋼コンクリート複合アーチ橋」

富士川の支流、血流川。おそろしい伝説は本当か

ワでカと読むのは一見珍しそうだが、旧仮名遣いでは会費は「クワイヒ」であったし、実際に三木武夫元首相は国会を「こっくわい」と発音していた。

　ほとんど自動車の姿を見なかったが、後から軽のライトバンが来て停まった。作業着姿のおじさんが降りてきて、道の傍らに置かれた葉の付いた枝の束を二つ三つ積み込んでいく。声をかけると「樒（しきみ）です」という。「今はかき入れ時だよ。正月飾りに使うからね。このあたりは、昔は蜜柑をやっていたところがお茶や樒に変えたところが多いね。樒はあんまり手が掛からない。蜜柑はいろいろと大変だからね」

　こまめに停まっては積み込む後ろ姿を見送ってあらためて地形図を見ると、果樹園の記号がいくつも見えるから、樒の植わっている場所も近年までは蜜柑畑だったのだろう。地形図には「樹木畑」という記号があるので、本来ならそちらで表現するのが正しそうだが、植生については国土地理院も頻繁にフォローしていないので、だいぶ昔の状態がそのままになっているようだ。

　迂回しながら坂道を降りていくと桑木穴集会所。掲示板には海抜二六六・一メートルとあった。海沿いの土地では見慣れた海抜表示だが、こんな山の中で高度を表示しているのは珍しい。その左側には「今も昔もうまい話にご用心」と題して「悪質セールスマン撃退十ヶ条」と染め抜かれた手拭いが張り出されている。昭和三十年代的な

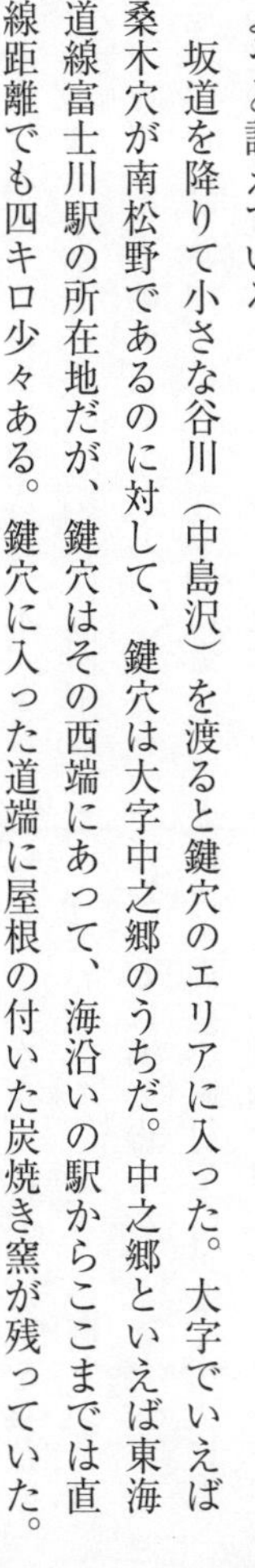

イラスト付きだ。「三　もうかります　そんな言葉にご用心」「四　あやしいぞ　人のフトコロ聞く業者」「六　しつこいな　そんな相手は一一〇番」と心の鍵穴を守らせようと訴えている。

坂道を降りて小さな谷川（中島沢）を渡ると鍵穴のエリアに入った。大字でいえば桑木穴が南松野であるのに対して、鍵穴は大字中之郷のうちだ。中之郷といえば東海道線富士川駅の所在地だが、鍵穴はその西端にあって、海沿いの駅からここまでは直線距離でも四キロ少々ある。鍵穴に入った道端に屋根の付いた炭焼き窯が残っていた。

こんな狭い道をくねくね曲がった先に集落が。尾根にほど近い足ヶ久保の集落

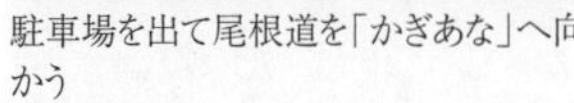

駐車場を出て尾根道を「かぎあな」へ向かう

桑木穴には棚田もある

写真を撮っていると、手押し車に何やら積んで農作業帰りという風情のおばちゃんが通りかかった。

「この炭焼き窯はずいぶん昔から使ってないよ。鍵穴の地名の由来ねえ、私は三十年ばかり前に和歌山からここへ嫁に来たんだけど、聞いたことないねえ。地区によって漢字がいろいろで珍しいでしょう。このあたりは、昔は今よりはるかに蜜柑がよく売れて、忙しい時期になると北海道とか東北とか、あちこちから出稼ぎが来て賑やかだった。それが今は後継者もいないし、蜜柑山も荒れてしまって。今じゃあ若い人は田舎には住まないでしょう。住みたくてもお嫁さんが嫌がって来てくれない……」

　茶畑の脇を下っていくと「かぎあな橋」に差しかかる。渡った先は表記三種類目の香木穴（かぎあな）である。この橋は鍵穴と香木穴を結んでいる。そこから川に沿った道を集落の中心へ遡ってみた。この川が実は静岡市と富士市の境界である。富士と静岡といえば三十キロ以上も離れていて、ちょっと昔ならそんなことはあり得なかったのだが、平成の大合併で県内では合併が劇的に進み、市が次々と周辺の町村を合併して広大になったのでこんなことも起きる。以前は庵原（いはら）郡富士川町と同郡由比町だった。それが平成二十年（二〇〇八）十一月一日に富士市が富士川町を、静岡市が由比町をそれぞれ編入して現在の形になったのである。そんなわけで右側の家が静岡市の清水区、左側の家は富士市で、それぞれの市民が隣り合わせに住んでいる。

念のため戦前の二万五〇〇〇分の一地形図を調べてみると、現在の富士市側も富士川町と松野村に二分されていた。要するに所属する自治体によって「かぎあな」の字が使い分けられていたのである。昭和三十二年（一九五七）に松野村が富士川町に編入される以前と現在の住所表記を整理すると次のようになる（左側上の町村はいずれも庵原郡）。

桑木穴の集会所前には標高表示が

桑木穴より鍵穴・香木穴方面を望む

松野村大字南松野字桑木穴　↓　富士市南松野（桑木穴）
富士川町大字中之郷字鍵穴　↓　富士市中之郷（鍵穴）
由比町大字入山字香木穴　↓　静岡市清水区由比入山（香木穴）

地形図の表記を改めて確認すると、どうも富士市側（図では富士川町）が鍵穴と桑木穴をまとめて「かぎあな」とひらがな表記している。これは通称地名としての表記だろう。国土地理院の地形図には、半ば公式に使われている地名であれば「通称地名」であっても表記されることがある。そんなわけで桑木穴・鍵穴・香木穴・かぎあな、という四つの表記が実現したと思われる。

富士市側にあった「かぎあな消防隊」の倉庫あたりで会ったシーズー犬を散歩中の奥さんに聞いてみると、この地区は静岡市と富士市に分かれているので多少は不便もあるけれど、学区は富士市側の子供も静岡市立の由比北小学校に通っているし、消防隊は一緒で、事実上は同じ地区という感じでやっているとのことだ。

結局「かぎあな」の由来を語ってくれる人には出会わなかったが、これだけ違う字が別々に用いられているということは、いずれも当て字の証明であろう。実は静岡市内には、安倍(あべ)川(かわ)水系の藁科(わらしな)川沿いにもうひとつ「鍵穴」という地名があって、こちらの由来は『角川日本地名大辞典』にも載っている。『清沢村誌』に基づくとする説明によれば「名馬摺墨（するすみ）の使者が地内に旅宿し、不用となった家の鍵を捨てたところを鍵穴と称したことにちなむ」とある。摺墨とは源頼朝の持っていた名馬であるが、これも血流川と同様で鍵穴の字面から想像したストーリーの香りが濃厚に漂う。

地名の事典などで調べるとカギには二つ意味があるようで、まずは「鉤の手に曲がる」もの。たとえば川などの地形、それから崖に付くカケ（欠ける）にまつわる地名の可能性がある。地形図を見ると北側には崖記号があって、だいぶ崩落している場所

この小川を境に左側が富士市、右が静岡市清水区

香木穴橋バス停は由比駅まで１日４本のバスが通じる

漢字の違いを超えて「かぎあな地区」全体を守る防災倉庫と茶畑

２匹のネコが留守番していた「かぎあな区公民館」

もあって納得できそうで、また現地を見ると「カギ型に曲がった窪地」は地形的にいくらでもありそうだ。いずれにせよ自然地形から来たカギアナという地名にそれぞれ当て字が行われ、しかも行政区分がたまたま三村に分かれたため、三通りの表記が行われた……。

そんな想像をしているうちに午後三時。一週間もすれば冬至なので早くも日が傾いてきた。そろそろ尾根の駐車場へ戻らなくては。

前後（ぜんご）（愛知県豊明市（とよあけし））

四五〇年前へタイムスリップ

前後という珍しい駅がある。名古屋鉄道名古屋本線で、名古屋市南東部に隣接する豊明市内の駅だ。この路線は豊橋から名古屋の神宮前まで旧東海道にほぼ忠実に沿って走っており、戦前から東海道本線とはライバル関係にあった。今でもＪＲの新快速と名鉄の特急や快速特急がほぼ互角な戦いを繰り広げている。

前後駅には特急こそ停まらないが、その間を縫って少し大きな駅をこまめに面倒を見ている急行が停まってくれる。私が前後へ行ったのは新年明けて名古屋の栄で初仕事を終えた後だ。名古屋市営地下鉄名城線で金山へ出て、ここで名鉄に乗り換える。ついでながら名城線は日本の地下鉄では唯一環状運転を行っている路線で、特筆すべ

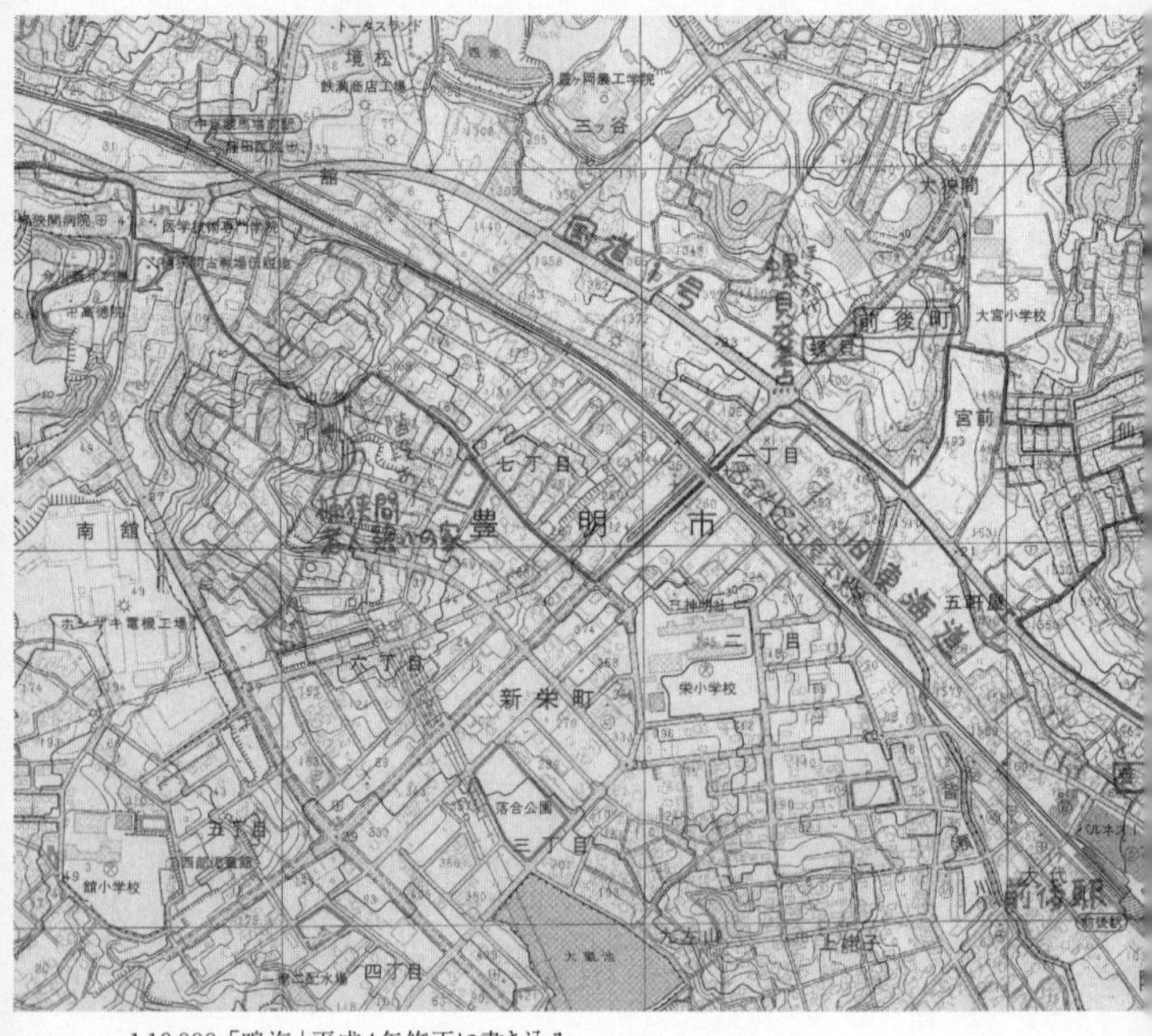

1:10,000「鳴海」平成4年修正に書き込み

きなのはＪＲ山手線や大阪環状線のように「内回り」「外回り」というわかりにくい用語を使わず、「右回り」「左回り」にしていることだ。内回り外回りという言葉は実に不便で、「左側通行だから、えーとどちらを走るんだっけという」思考を利用者に強いる。名城線は英語表記でも clockwise（時計回り）および counterclockwise（反時計回り）と明確だ。

それはさておき、金山駅でホームに入ってきた赤い電車は吉良吉田行きの急行であった。新安城駅から支線を南下するルートで、終点の吉良吉田はかの吉良上野介ゆかりの地である。熱田神宮の目の前にある神宮前駅で中部国際空港へ行く常滑線を分け、東海道本線とも分かれて旧東海道に寄り添う。鳴海宿にある鳴海駅に停まると、次は前後である。前後の前後の駅には停まらない。わかりにくい書き方で申し訳ないが、前後駅の前後の駅は中京競馬場前と豊明で、この急行はそこには停まらない、という意味だ。

それにしても、前後という地名にはどんな由来があるのだろうか。日本全国にはこのように「対になった地名」というのがいくつかあって、福井県の越前海岸にある左右、広島県の福塩線が通る上下、それから、無理があるけれど表裏の字を含む華表裏という地名が千葉県南房総市荒川の小字に存在する。こちらは「とりいかわ」と読む難読地名。華表（かひょう）は中国建築に用いられる神聖な柱で、それが転じて日本では鳥居を意味するようにもなり、戦前の陸地測量部（国土地理院の前身）の地形図には鳥居の記号を改まって「華表」としていたものだ。裏をどうして「かわ」と読むのかはわからない。

愛知県の前後に戻ろう。降りてみると何の変哲もない大都市郊外の駅で、駅前の南部公民館には大学受験予備校なども入っている。ふと手元の地図を見ると「阿野町滑（なめり）」という地名が見えた。予備校としては縁起でもない住所と思って確認すると、駅前は滑だが、予備校はギリギリで前後町善江に入っていてセーフ。どうも自分の娘が間もなくセンター試験なので神経質になっているようだ。

前後町善江という住所の表示は、歩き始めてすぐ電柱に巻いてある表示板に見つかった。善江をもしや「ぜんご」と読むのであれば、ひょっとしてこちらが起源かと思ったが、残念ながら「ぜんえ」という。しかし読み方が変わった可能性もある。旧東海道を過ぎて坂を上ればすぐに国道一号の新道に出た。天下の一号線、しかも工業出荷額日本一の愛知県内ということもあってか交通量が多い。

地図を見るとこの北側に名所旧蹟の記号で「戦人塚」というのが気になったので、そちらへ向かうことにした。近くに「仙人塚」を名乗るマンションもあるように、住所は前後町仙人塚と字が異なる。住宅地の坂道を上っていくと、ひときわ高くなったところに戦人塚はあった。国指定の史跡だそうで、豊明市教育委員会の案内板によれば、永禄三年（一五六〇）に行われた桶狭間の戦いに斃れた兵たちを供養した塚で、曹源寺二世快翁龍喜和尚が明窓に命じて埋葬したという。石碑そのものは戦から数えて一八〇回忌にあたる元文四年（一七三九）に建てられたとされる。塚の標高は四〇メートルほどで、前後駅より二〇メートル以上は上ってきたから見晴らしはなかなか良い。寒風の中で石碑に手を合わせていると、ずっと下の方で名鉄の赤い電車がカラ

名鉄の前後駅に到着した吉良吉田行き急行

前後駅の前後の駅は?

カラと音を立てて通過して行った。

桶狭間の戦いは織田信長軍が今川義元軍に奇襲攻撃を仕掛けてこれを破ったもので、この戦の大勝以来、信長は新兵器—鉄砲を利用した長篠の戦いなどを経て天下を窺う勢いを得ていく。その桶狭間の戦いが行われたのはどこかといえば、数千とか数万とされる軍勢の大きさを考えれば、かなり広い場所にまたがっていたことが予想される。死者の数は豊明市のサイト「桶狭間古戦場伝説地」によれば今川軍が二五〇〇人、織田軍が八三〇人とあり、相当に激しいものだったらしい。

後で前後の地名を『角川日本地名大辞典』で調べてみると、「地名の由来は、桶狭間の戦の時に兵の首が前後いたる所にころがっていたためといわれるが、間米（まごめ）村の前の郷にあたることからと思われる」としている。さすがに前後の担当者も「首がころがっていた」説をそのまま紹介するのもナンだと思ったのだろう。前の郷説を追加しているが、しかしこれも漢字に引きずられているのでにわかには信じ難い。地名の由来になったかどうかは別として、戦人塚のあたりにも打ち棄てられた兵たちの死体が折り重なっていたであろうことは想像できる。埋葬にあたった明窓さんも辛かったに違いない。

桶狭間の方へ歩いてみることにした。戦後にできたと思しき住宅地の坂道を降りて

前後駅前には前後町善江の地名。ゼンゴかと思いきや「ぜんえ」

小高い丘の上にある戦人塚は桶狭間の犠牲者を供養する

いくと、大宮小学校の前に出る。一万分の一地形図にあるように小字は大狭間（前後町大狭間）という。狭間は丘陵における谷の地形、要するに山と山の間にハサマった所だ。その脈絡なら大手建設会社の「間組（略称ハザマ）」も納得できる。ここは大狭間だけあって幅広い谷を成していて、戦前の地形図によれば、この谷は水田であった。

ふたたび国道一号に出た交差点が螺貝（ほらがい）というのも戦場らしい。住所は前後町螺貝である。ただ、無粋なことを申せばホラは洞、カイは峡で、甲斐国のカイも峡（かい）が語源という説もあるように、ブオーと兵たちを鼓舞するあれではなく、地形を表わすホラガイという音の地名に「螺貝」の漢字を当てたと考えられないだろうか。関東ならたとえば「洞ヶ谷」あたりの字になりそうだ。

名鉄の線路の南側へ出て栄小学校の交差点を右へ折れる。ここに歯科医院の大きな看板が建てられていたが、住所がまさに緑区桶狭間。まん中には青地に白抜きのドクターのイラストが描かれているのだが、これが一瞬武士に見えたのは「桶狭間効果」だろうか。兜ではなくて実は額に掛けた大きな丸い鏡と頭に被るキャップであった。新栄町を抜けると「栄町山ノ神」という狭いエリアに至る。

ちょうど小山のようになったところに、地図では神社の記号もあるので石段を上ってみると、最初に見えてきたのが「桶狭間老人憩いの家」であった。公民館のような位置付けだろうか。それにしても桶狭間という凄絶な戦場の地名と「憩いの家」の結びつきはどうだ。現在の住民の方には申し訳ないが「憩っている場合じゃないでしょう」という偏見がどうしても頭から去らない。一方でその隣にあった「桶狭間一町内会自主防災会倉庫」はすんなり来る。これは災害と戦うイメージが一致するから違和感を覚えないのかもしれない。

山ノ神らしき祠（標高約五二メートル）を過ぎ、そこから住宅地の坂道を下って見つけたのは「この付近にちかん多発!!　おかしな人や車を見たら一一〇番　桶狭間区防犯協会・愛知警察署」の看板であった。桶狭間と痴漢の組み合わせもミスマッチであろう。この戦場で痴漢などやっている場合かどうか、胸に手を当ててみてほしい。その看板を写真に撮っている私が「おかしな人」なのも確かであるが。

さらに下っていくと国道一号の手前に「桶狭間古戦場伝説地」と地図にある小公園のようなところにたどり着いた。「史蹟桶狭間古戦場」の石碑が門前に立ち、側面には「史跡名勝天然紀念物保存法ニ依リ昭和十二年十二月　文部大臣指定」の文字が刻

古戦場にふさわしい螺貝の地名が

かつて何千人もの武士が死闘を繰り広げた古戦場も今は平和な住宅地

まれている。戦場は広いとはいえ、ここに伝説地の石碑が建てられたのは、やはり今川義元が討たれた所であるからだろう。

中に入ると「古戦場」と題して豊明市教育委員会による解説があった。冒頭には「この地は、永禄三年（一五六〇）五月十九日、今川義元が織田信長に襲われ戦死した所と伝えられ、田楽狭間（でんがくはざま）あるいは舘狭間と呼ばれた（以下略）」とあり、ここの地名が田楽狭間または舘狭間である旨記されていた。公園そのものの現在地は豊明市栄町南舘（みなみやかた）である。桶狭間はかつては洞迫間（くきばさま・ほけばさま）から法華迫間と表記された時期もあり、それが転訛したという説もあるらしい。現在の桶狭間は、ここ豊明市ではなく名古屋市緑区の地名（桶狭間、桶狭間北、有松町大字桶狭間など）になっているが、もとは広域の名称らしいので、戦場全体をカバーする地名として大戦（おおいくさ）の呼び名に採用されたのだろう。

国道一号に出るとすぐ名鉄の中京競馬場前駅が目の前だが、この駅は戦前に桶狭間駅と称した（場所は少し西側）。しかしほどなく廃止され、現在の駅は戦後に新設されたものだ。ここで電車に乗ってもいいのだが、せっかく「有松絞り」の里にほど近いのだからと、旧東海道に沿ってひと駅だけ足を延ばしてみた。この有松も桶狭間村から一部が分立したものだという。

街並みが保存されている旧東海道への分岐点にたどり着くと、その交差点が「大将ヶ根」。根というのは山裾や崖下に付く地名であるが、大将はやはり合戦にちなむものだろうか。それとも、やはり近世になってからの先人が「桶狭間効果」に影響されてこの字を当てたのかもしれない。漆喰の塗籠（ぬりごめ）造りの土蔵など昔をしのぶ建物を眺めつつ、有松の街並みを抜けると、その余韻も消えぬまま巨大なイオンのショッピングセンターのある有松駅に着いて我に返る。四五〇年のタイムスリップはここで終わった。

激戦地跡でチカンを働くヤツがいるとは……

桶狭間古戦場の石碑。ここが今川義元の討たれた場所

古戦場にほど近い旧東海道有松の家並み

採銅所（福岡県田川郡香春町）

古代の鉱山町

福岡県の小倉駅（北九州市）から南下するJR日田彦山線には、採銅所という駅がある。ずいぶん直接的な駅名であるが、普通名詞として銅鉱石の採取場に位置する貨物専用駅といった意味合いではなく、地元の地名そのものが採銅所なのである。しかも銅を採掘していたのは奈良時代というから古い。

その昔この地は杉坂村と称したが、養老四年（七二〇）に宇佐神宮の神託により、この年に行われた放生会に奉納するための「御神鏡」がこの地で鋳造されたことにちなんで村名を採銅所に改めたという。遠く奈良の大仏を鋳造する際にもここの銅が多く運ばれたとされる銅山の村であった。一三〇〇年近くも昔の故事が地名として現役

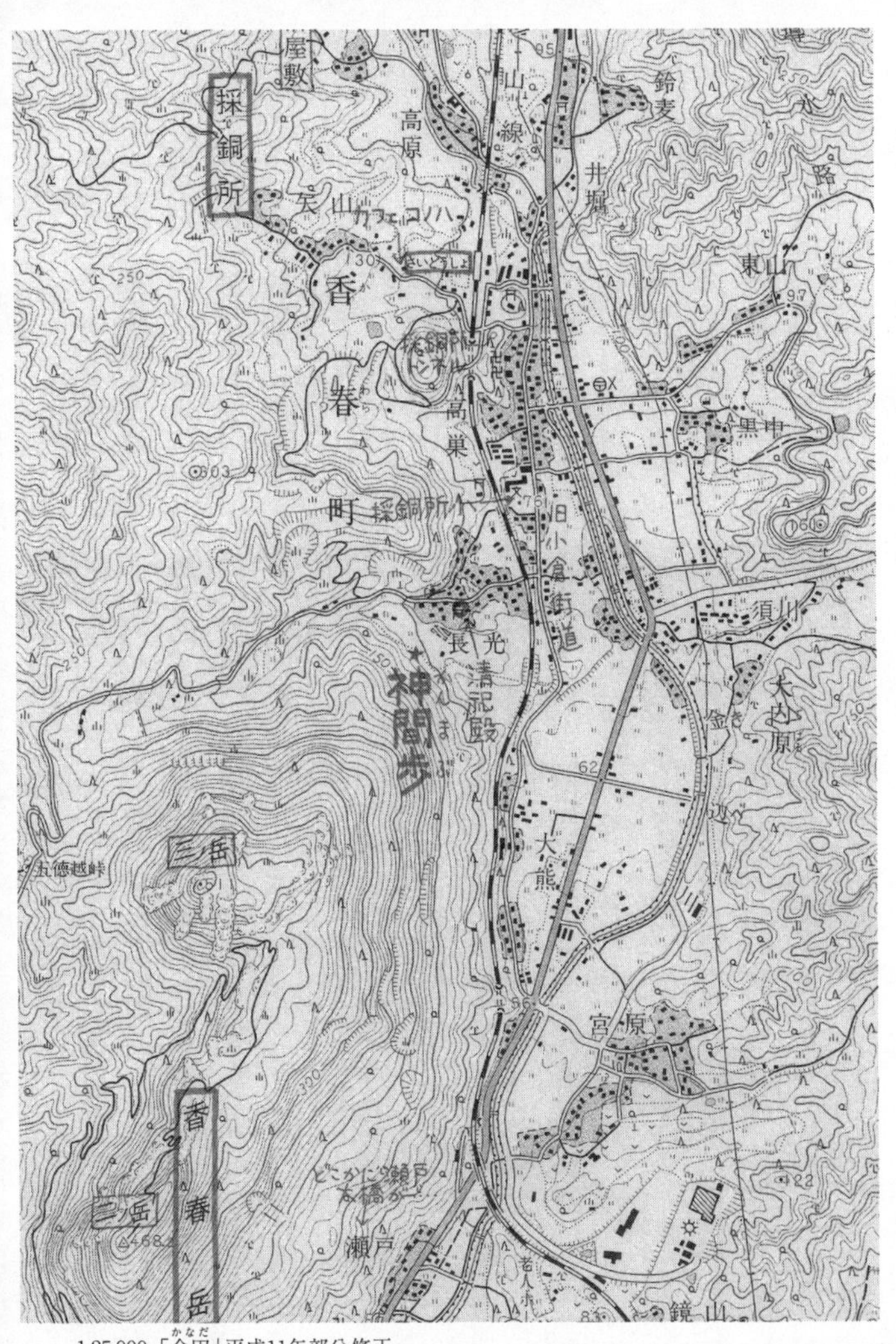

1:25,000「金田（かなだ）」平成11年部分修正

というのも珍しいが、それが鉄道の駅名になっているのも魅力的である。

小倉から採銅所までは、日田彦山線の気動車で四十分ほどの道のりである。どんよりと低い雲の中を列車は走り始めたが、途中の石原町駅あたりから少し雪が舞い始めた。次の呼野にかけては左手に巨大な石灰鉱山があって、てっぺんが削られて白い嶺のエッジが鈍い逆光に浮かんでいる。あちら側は「日本三大カルスト」のひとつで知られる平尾台。

小倉からずっと遡ってきた紫川の谷を詰めると、分水界の金辺峠の下を穿つ金辺トンネル（一四四四メートル）で、ここを抜ければ遠賀川水系の金辺川に沿って香春の方へ下っていく。トンネルを出て間もなくの採銅所駅でホームに降り立ったのは私のほかに一人だけだった。標高は九三メートル。

駅舎は今では珍しくなった木造で、きれいに補修されている。駅前の記念碑によれば老朽化が進んで解体されるところに保存運動が起こり、平成二十二年（二〇一〇）に駅舎はＪＲ九州から香春町へ譲渡、補修工事が行われたという。今から約一世紀も前の大正四年（一九一五）に前身の小倉鉄道が建設した中で、現存する唯一の存在というから貴重なものだ。解説板に「外側壁面の飾りや天井の星型文様など大正モダンを感じさせます」とあるように、当時の鉄道は唯一の近代交通機関であり、ただの乗

JR日田彦山線の採銅所駅（福岡県田川郡香春町）

採銅所駅の駅名表。両隣の駅はかつて石灰積み出しで賑わった

最近になって改修された採銅所の駅舎。大正4年（1915）に前身の小倉鉄道が開通して以来の貴重なもの

降施設というだけでなく、村に近代をもたらす玄関口としての誇りをも込めているのではないか。しかも駅のすぐ南側にある採銅所トンネルの坑口がやけに広い。これは複線を前提としたもので、その後に見た別のトンネルも第二金辺川橋梁の橋脚も揃って複線用になっていて、これは将来の大発展を見据えた当時の小倉鉄道が先行投資したものである。結局複線化されることはなかったけれど。

感心しつつトンネルや駅舎の写真を撮っているうちに雪はますます強くなってきた。地形図を見ると集落の北側には鍛冶屋敷という、いかにも採銅所に関連した地名もあるから本当はそちらへ行ってみたいのだが、これだけ降っていると億劫だ。踏切を渡って西側へ回り、当てもなく坂道を上っていくと「カフェ　コノハ」の看板が目につい た。木造二階建ての民家にしか見えないが、がらりと戸を開けると中は暖かい。雪の降りしきる中、実にありがたい避難所である。

小さな男の子がひょいと顔を覗かせて「お客さんだよー」と奥へ呼ぶ。こんな雪の降る、しかも平日の午前中に他の客が見えないのは当然だろう。畳敷きの座敷に通され、座卓を前にすると、縁側越しに棚田と山が見える。温かいお茶をいただいてほっと一息。まったくの閑寂だ。コーヒーと「炭鉱プリン」、それにチーズスフレのコノハセットを頼んだ。炭鉱プリンは黒胡麻の色にちなむらしく、胡麻の柔らかい風味がとろりと溶けている。

若いご主人は同じ福岡県でも浮羽(うきは)郡のご出身だそうで、カメラマンかつ木工作家。木工ができる所を探していて友人の伝手で見つけたのがこの家という。「採銅所というところは、古くから人が住んで人の手が入っているので、寂しくない田舎」というところが気に入ったのだそうだ。目を壁際に移せば、前の住人が使っていたと思われる黒電話。それに茶碗や杯などの自作も控えめに展示してある。

採銅所の地名に話を向けると「地元の人はあまり珍しい地名という意識はないみた

いですね」という。これはどこも同じだ。宇佐神宮の鏡がここで作られた話を尋ねると、小学校のさらに南の方へ行けば神間歩（かんまぶ）という、鏡のための銅鉱石を出した坑口が保存されていることを教えてくれた。香春町のパンフレットを取り出して、どうぞお持ちくださいと分けてくれる。

雪も少しは小降りになってきただろうか。居心地がいいのだけれど、そろそろ腰を上げなければ。奥さんと先ほどの二歳という男の子も一緒に見送ってくれた。今度は暖かい時期にまた来てみよう。採銅所駅の方へ戻り、さらに東側へ下って旧小倉街道

採銅所駅待合室の天井には凝った装飾が施されている

複線断面をもつ採銅所トンネル。単線の線路がゆったりまん中を通っている

を南下する。国道が東側に並行しているので、狭い道幅の旧街道にはあまり車も通らず、雪がちらついているとはいえ、のんびり気分で歩けた。採銅所小学校は新しい校舎になっていたが、門柱の石には「尋常小学校」の文字が刻まれていて風格を感じさせる。コノハの子もいずれここへ通うのだろう。

長光（ながみつ）という集落を西へ入り、しばらく歩くと清祀殿（せいしでん）という神楽殿のような舞台建築にたどり着いた。傍らの案内板によれば、集落と同じ名の長光家の古文書には清祀殿の記述があり、昔は中がすべて土間でまん中に鍛冶床が設けられていたという。間歩（坑道）から運び出された銅鉱石はここで製錬され、宇佐神宮の御神鏡もここで鋳造されたと推定している。それにしても養老四年（七二〇）というのは気が遠くなるほど昔の話だ。

神間歩の矢印に従ってさらに進むと、公園のように整備された山裾に柵で囲まれたエリアがあり、その奥に坑口がぽっかりと開いていた。それにしても銅の鉱脈など、どうやって見つけ出したのか素人には見当もつかないが、おそらく大陸から来た先端技術を持った人が、地質の見分け方を伝授したのだろう。神間歩とは、文字通り御神鏡を作る鉱石を掘り出した場所であり、さらに神事もここで行われたというから、まさに神聖な場所だったに違いない。製錬に先立って香春岳をご神体として御神酒（おみき）を供え、幣帛と祝詞を捧げたという。

ちょっと気になったのは、神間歩の解説板に「俗に蟹魔伏ともいう」と記されてあったことだ。カニといえば地名学的には崩壊地名（地すべりを含む）とされ、神奈川県のカナも崖由来という説がある。この神間歩から銅鉱石を取り出したことに異を唱えたくはないが、たまたま神鏡を作ったのだからと、意図的に神の字を当てたことはあり得ることかもしれない。

そのご神体たる香春岳は南から北へ一ノ岳、二ノ岳、三ノ岳と並ぶ三つの頂をもつ

古民家を改装した「カフェ　コノハ」。右奥は木工のアトリエになっている

炭鉱プリンとチーズスフレのセット。雪の日には温かいコーヒーがありがたい

雪の舞う旧小倉街道。採銅所の家並みは道に沿って南北に続いている

山で、現在も香春町の象徴である。このうち一ノ岳は石灰の採掘でてっぺんが削られて平らになり、香春の市街の背後にテーブルマウンテン状を見せているので車窓から見ても印象的だ。採銅所駅のトイレの貼り紙にあった「好きです♡かわら町」のイラストが、三つの頂のうち一つだけ扁平なこの山の向こうから日が昇る可愛らしい絵だった。

その三ノ岳、二ノ岳の裾を南下すると瀬戸地区にさしかかる。コノハで教えてもらった「瀬戸大橋」という小さな橋を探そうとしたが、二つほど見当を付けたところはいずれも別の名前であった。もっと小さな橋なのだろうか。日本最長の瀬戸大橋と同名の小橋が細流を跨いでいたりすれば、なかなかいい絵になっただろうけれど。

その東側には鏡山という地名がある。『豊前国風土記』によれば、むかし息長足姫尊（おきながたらしひめのみこと）＝神功皇后（じんぐうこうごう）がこの地の山に鏡を安置したところ、その鏡が石になったことから鏡山と名付けられたとある。採銅所のすぐ近くだから宇佐神宮の鏡にまつわる話かといえばそうでもないようで、これも九州の歴史の厚みだろう。ちなみに鏡山から行橋へ通じる国道二〇一号が抜けるのは新仲哀（しんちゅうあい）トンネルで、このルートは太宰府から豊前の国府へ向かう最短路の官道にあたり、そこを神功皇后の夫である仲哀天皇が通ったことにちなむという。明治二十三年（一八九〇）に開通した旧道の仲哀隧道は、先ほどもらったパンフレットによれば煉瓦積みの風格ある坑口で、今では国登録有形文化財となっているが、これから歩いて行くのはしんどいのでやめておこう。峠を越えた向こう側は京都郡で、これもなかなか読めない地名である。

旧道を歩くうち一ノ岳の麓から香春の町のまん中に入った。てっぺんが平らなはずの一ノ岳も、あまりに間近から見上げるとそれがわからない。香春はかつて田川郡役所も置かれた一帯の中心で、昭和十年（一九三五）には一ノ岳の麓に浅野セメントの工場が操業開始した。それから長年にわたって一ノ岳は身を削られ続けて現在に至る。香春太平洋セメントとなっても操業は続けられていたが、昨今の公共事業削減の波を

宇佐神宮の神鏡を鋳造するための銅鉱石を掘ったとされる神間歩

長年にわたる石灰の採掘でテーブルマウンテン状になった香春一ノ岳。香春駅近くで撮影

受けて平成十六年（二〇〇四）に閉鎖された。ただし鉱山部門は香春鉱業が引き続き行っている。参考までに石灰を掘り崩し始めたばかりの昭和十一年（一九三六）の地形図を見ると、まだ一ノ岳はおむすび山のような形をしていて、頂上の三角点には四九一・八メートルの数値が見える。現在の地形図では二八〇メートル程度だから、二〇〇メートル以上も低くなった。よくぞここまで掘ったものである。

その証左として、鉄道貨物による石灰石積み出しの最盛期に近い昭和五十六年度版の『鉄道要覧』によれば、同五十四年度の香春駅の貨物発着トン数は一日あたり四八〇六トン、全国十九位を誇っていた。鉄道による貨物輸送のなくなった今はもちろんゼロである。「コンクリートから人へ」というわかりやすいキャッチフレーズで一世を風靡した民主党政権も短命に終わり、自民党が返り咲いた。「日本を取り戻」せるかどうかは別として、今さら「人からコンクリートへ」戻す状況にはない。いずれにせよ前途は多難である。

しかし考えてみれば採銅所の頃に始まった日本の銅山は、石灰どころではない壊滅的な減産をすでに高度経済成長期に経験し、日本では縁のない鉱山となって久しい。八十年かけてテーブルマウンテンになった香春岳の一ノ岳が今後の半世紀で更地になるまで削られるか、それとも今のまま残って町を見守るのか。興味深いところではある。

掻懐(かきだき)(大分県臼杵市(うすきし))

隠れキリシタンの里

　だいぶ以前のことになるが、郵便番号簿を「読破」したことがある。当時は番号が七桁に増えて間もない時期で、掲載された十五万ほどの地名を味わいながら読み進めた。気になる地名は赤鉛筆で印を付けていったが、その中で最も注目したひとつが、大分県臼杵(うすき)市の掻懐(かきだき)である。カキダキといえばわが子をひしと掻き抱く、といった情景を思い浮かべてしまうのだが、誰かを抱き締める昔話でも伝わっているのだろうか。しかし字は抱くのではなく懐(ふところ)で、どこか謎めいている。

　実は高校二年の九州修学旅行でこのすぐ近くまで来たことがある。臼杵石仏を訪れたのだが、掻懐はその磨崖仏(まがいぶつ)群から一キロも離れておらず、大分側からバスで来たの

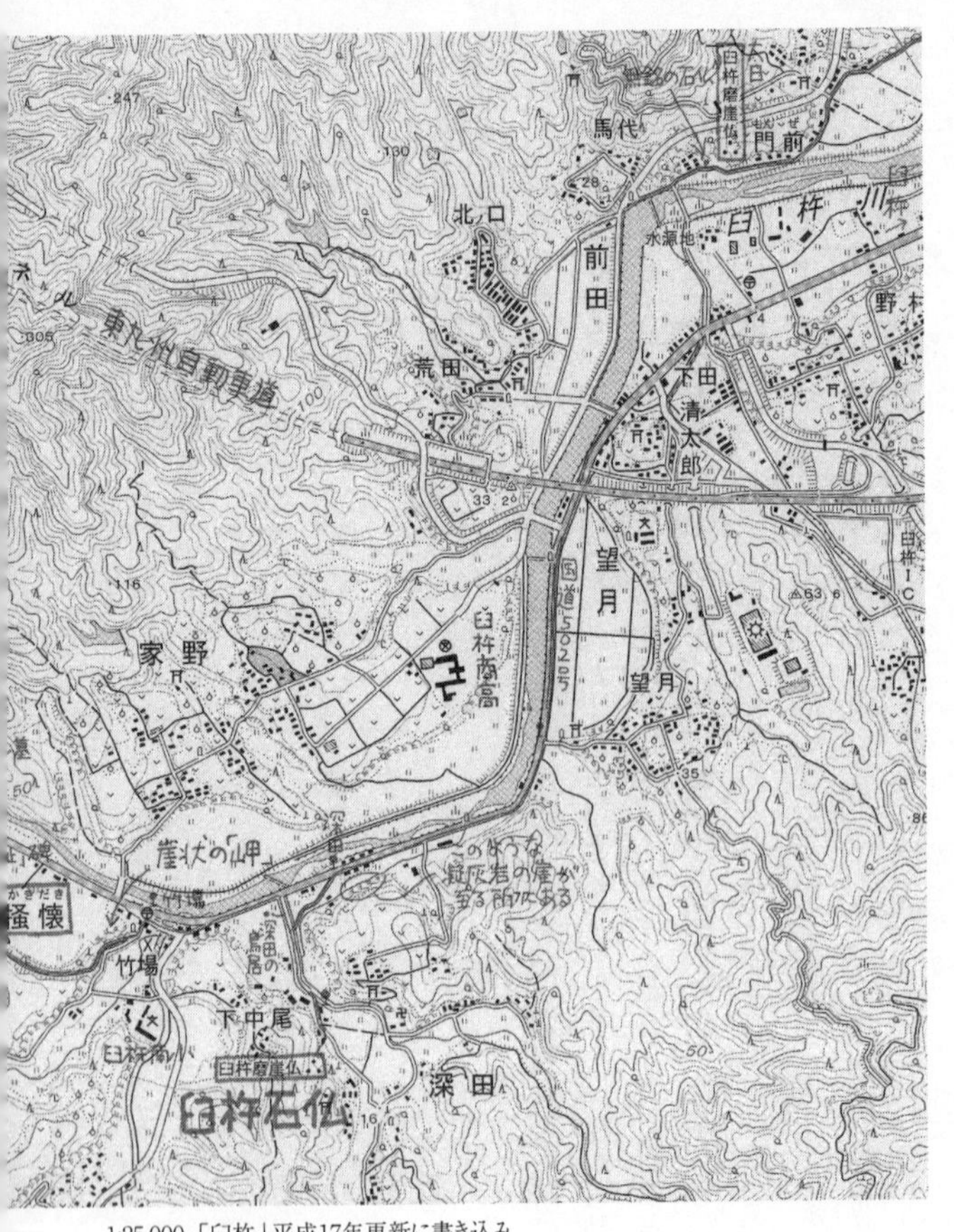

1:25,000「臼杵」平成17年更新に書き込み

で、おそらくすぐ近くを通ったに違いない。当時はまだ石仏を保護するための屋根もなく、周りを山に囲まれた村の谷間に磨崖仏が点在していた。田の畦道を彩っていた彼岸花の朱色は今も鮮明な記憶である。

今回の再訪は真冬なので赤い群落は見当たらなかったが、幸い晴れて風も穏やかだった。朝八時過ぎに宿を出て臼杵城に上ると、天守櫓（やぐら）からの市街は朝日に照らされ、周囲の山々に囲まれて落ち着いたたたずまいを見せていた。石仏までバスで直行することもできるが、それではもったいないので、旧市街を散歩しながらそのまま郊外へ抜け、搔懐まで歩くことにした。

きれいに街並み保存が行われた臼杵城下町の西端付近には、平清水（ひらそうず）という珍しい読みをもつバス停があった。いかにも清水が湧く城下町らしい地名で、傍らの龍源寺には幕末期に建てられた美しい三重塔が、凛としたたたずまいを見せていた。ここから万里橋で臼杵川を左岸へ渡って西へ向かう。橋の上から下流側を望めば、幕末の文久元年（一八六一）に創業したフンドーキン醬油の工場が中洲に陣取っており、工場の建物からは盛んに湯気が上がっている。臼杵出身の作家・野上弥生子（明治十八年〜昭和六十年）はこの創業家の長女であったそうだ。手前の川端には大橋寺がその入母屋の本堂を川面に映している。この寺が後で話題になるとは、この時には思いもしなかった。

日豊本線の単線をくぐってしばらく川沿いを歩く。朝の犬の散歩、ジョギングの人たちが目立つ。自然に挨拶が出るのは気持ちがいい。ほどなく門前という地区に至った。どこの門前なのだろうか。川沿いの田んぼから一歩下がると自然の石壁が連なっている。この崖は一帯の地形の特徴で、見つめていると磨崖仏を彫りたい心境になってくるのかもしれない。

ちなみに大分県は石仏の宝庫で、有名な臼杵石仏だけではなく、各地に多く分布している。この地に石仏が多いのは、信心深い土地柄であったかどうかは別として、阿蘇山の火砕流による溶結凝灰岩の崖があちこちに露出しており、その岩の素材が緻密かつ軟らかくて彫りやすいことが背景にありそうだ。地形図に「臼杵磨崖仏」とある（102ページの範囲外）のは川辺の道から北へ入ったところだが、案内標識に従えばたどり着ける。小字名をとって「大日石仏」という。屋根に覆われた崖地に平安末期と鎌倉時代とそれぞれ推定される七体があった。彫りやすい石は風化もしやすいので表情がわからない状態である。樒（しきみ）が一対供えられており、誰も来ないが合掌して辞去した。

また川沿いに戻ってしばらく歩くと、石の崖に顔のようなものが見えるので近づいてみると、やはり石仏であった。彫りが浅いのは作業半ばで中断したからなのか、それともこれで完成形なのだろうか。案内板は見当たらないが、屋根のない路傍の磨崖仏の方が、自然の中に置かれた「祈り」本来の意思が伝わってくるように思えた。風化は早いかもしれないが、それでも何百年かはもつだろう。ここでも立ち止まって合

日豊本線上臼杵駅。時間がここだけ止まったような駅舎が残る。帰りは石仏の近くの深田からこの付近までバスに乗った

かつてキリシタン大名・大友宗麟が治めた臼杵城下町

臼杵川に架かる万里橋より下流側を望む。右手が大橋寺

掌。しばらく川沿いに歩いて東九州自動車道をくぐると、ほどなく臼杵石仏の中心地である。磨崖仏としては唯一の国宝で、古代に真名野長者と呼ばれる人物が、亡くなった娘の菩提を弔うために彫らせたとの伝承があるという。さすが有名な観光地だけあって、その入口近くには駐車場や土産物店などが軒を連ねている。入ってみて驚いたのは、修学旅行の時に咲いていた彼岸花の田んぼが姿を消し、公園になっていたことだ。それでも順路に従って歩いていけば、少し高い所から見下ろす谷間の風景は少し見覚えがありそうにも思えて、しかし記憶ははっきりしない。ポスターなどに最もよく登場する古園石仏の大日如来は長らく首が落ちた状態であったが、その後の修復で無事に胴とつながった。真冬の平日でもあり、がらんと大きな食堂で昼食をとってから、播懐に向かって歩き出した。地形図で見れば播懐は山の上の集落である。

「登り口」は竹場というバス停の近くで、「↑播懐」という手書きの小さな案内標識が崖に掲げられていた。そこから岬のように突き出した尾根を狭い道でトラバースしつつ山へ登っていく。バス停の標高は約九メートル、播懐の集落の中心は等高線から読み取ると約五二〜五三メートルだろうか。このあたりの石の崖もやはり石仏の刻まれたものと同じ凝灰岩に見える。臼杵南小学校を見下ろすあたりで散歩中と見えるおじさん二人連れに会った。搔懐の地名について話しかけると、そのうち一人が興味深い話を聞かせてくれた。

「どうしてカキダキというのか由来は知らないけれど、ここは隠れ切支丹の村だったんですよ。キリスト教が禁止されてからも隠れていましたが、発覚しそうになった時に臼杵の大橋寺が、搔懐の人々はみんなウチの檀家だといって庇ってくれた。そのため今でも搔懐の人は大橋寺に集まって報恩講を開いているんです」

大分県の豊後といえば切支丹大名として知られた大友宗麟（洗礼名ドン・フランシ

大日石仏近くの路傍で村を見守る無銘の石仏

国宝・臼杵磨崖仏のひとつ、ホキ石仏

石仏と同じ凝灰岩でできた深田の鳥居は田んぼの中

搔懐へ通じる道と手作りの道標

スコ）が治めた土地で、臼杵にはキリスト教会も建てられている。領主が率先してキリスト教徒になったのだから、信者も多かったのだろう。宗麟は天正六年（一五七八）に日向に侵攻した際、延岡の近くに務志賀（むしか）（現延岡市無鹿町）というキリスト教を基本とした理想郷を建設する志に燃え、社寺を破壊して仮会堂を建設するに至ったが、その後は島津との戦いに敗退したため未完に終わっている。

　ムシカはラテン語のmusica——つまり音楽にちなんで宗麟が名付けたという説が流布していたが、宮崎大学の菅邦男教授は茎から繊維をとるカラムシ（苧）＋カ（処）と解釈している。「侵略者」が命名して敗退したのに、その理想郷の名前が今に残るかという素朴な疑問から発しているそうだが、確かにその通りかもしれない。宗麟から見れば理想郷でも、寺を破壊された在来仏教徒にとっては地獄だろう。

　搔懐には「キリシタン墓」もあるから、案内してくれるという。東京からわざわざ搔懐に来てくれる人なんて他にいないだろうと、コンビニで買った唐揚げを袋ごと持たせてくれる。「地区の放送でみんなを集めて歓迎せにゃならん」と喜んでくれた。

まあそれは……と遠慮したが、村の中を案内してくれるという。

まずは集落のまん中の広場に建つ「庄屋址」の石碑。これは代々庄屋をつとめた小野氏を顕彰したもので、先ほどの隠れキリシタンの一件も明治に入ってからの百姓一揆での対応ともども次のように載っている。

「寛文年中吉利支丹残党発覚事危急ノ際大橋寺歴道和尚ト計リ領民多数ヲ助命シ又明治六年百姓一揆勃発スルヤ身ヲ挺シテ村民ノ赦罪ニ尽ス等歴代ハ仁徳多シ」

いつ建てられた碑なのか裏面を見なかったので不明だが、「先代」の小野薫さんはここ搔懐に村役場のあった上南津留（かみみなみづる）村長や北海部（きたあまべ）郡会議長、大分県会議員を歴任し、「当代」の小野猛氏は逓信次官、日本発送電副総裁、海運総局長官、船舶運営会総裁、日本電気協会会長を歴任したという。

家に資料があるから寄っていかないか、というのでお言葉に甘えた。いろいろとお話をうかがっていると、郷土史にはだいぶ詳しいようで、部屋中にも本が満ちている。しかし数学の本が混じっているのでお尋ねすると、数年前まで県立高校の数学の先生だったという。奥から取り出してきた分厚い『大分歴史事典』（大分放送刊、昭和五十五年）には、「キリシタン墓」について次のように記されていた。

「禁教初期の墓石として、臼杵市搔懐のカマボコ型の伏墓と箱型の伏墓があげられる。

前者は長さ一三一センチメートル、軸部の高さ四七センチメートルの凝灰岩で造られており、正面に半円を線刻してその中央にラテンクルスを刻んでいる。後者は長さ一〇九センチメートル、高さ・幅ともに三〇センチメートルの長方形の伏墓であるが、荒削りのままである。しかし正面中央には、下方に半円形の基檀（きだん）様の造り出しを設けて、その上に十字架を建てたように刻んである。二基とも十字架の他には記銘は見られない」

最後に墓地を案内していただいた。『大分歴史事典』に書いてある通り、大きなカマボコ形と小さな箱形の伏墓である。艶のある樒がきちんと供えられ、掃除も行き届いている。やはり石仏が刻まれたのと同じような凝灰岩で、十字は実にくっきりと彫られていた。代官などに目撃されたら言い逃れできないほど明確な十字である。どうやって隠していたのだろうか。

先ほどからこの地名を「カキザキ」と発音されているのが少し気になっていた。このことを質問したら、まあ公式にはカキダキだが、土地の人はカキザキと呼んでいる、という。墓の傍らには臼杵市教育委員会の説明板が立てられていた。このキリシタン墓は昭和二十八年（一九五三）に指定された県の史跡だという。記述内容に事典以上のものはなかったが、所在地として記された播懐のルビを見て驚いた。やはり先生の

搔懐キリシタン墓。カマボコ形と箱形の断面に十字架が刻み込まれている

搔懐から東を望む。ガケの岬（カキ・ザキ→カキダキ）の地形がよくわかる

発音通り「かきざき」と振ってあったのである。

ここで私の住む東京都日野市で地名の聞き取りをした時のことを思い出した。万願寺地区の旧小字「欠差」の読み方が公式には「かけさし」なのに、九十歳を超えた地元出身者が「がけざき」と明確に発音していたのである。多摩川と浅川の合流地点で流れが削り取った段差のあるような場所なので、ガケの先という意味だったのかもしれない。たまたま当てられた欠差という字に引きずられて公式な読みは「かけさし」に転じてしまったのであろう。このように漢字に読みが影響される例はいくらでもあって、たとえば北海道の留萌も当初ルルモッペ（アイヌ語で潮が入る川）と発音されていたのが、ルルモヘ→ルルモエ→ルモイと転じたことなどが典型である。

掻懐もカキザキだとすればカキはやはり崖にちなむ地名だろうか。手元の『日本「歴史地名」総覧』の「崩壊地名の事典」（新人物往来社刊、平成六年）によれば、カキはカケ・カゲなどと同様に崖の地名としており、『和名抄』に載っている郷名として豊前国宇佐郡垣田（かきた）郷、筑前国遠賀郡垣崎（かきざき）郷などが例として挙げられている。後者はまさにカキザキであり、実際の掻懐の地形も岬のように崖のある尾根が伸びたところなので、垣崎と同じルーツと考えるのは自然だ。

思えば大橋寺の和尚さんが、もし発覚すれば大変な重罪となるところを、しかも異教徒をあえてかくまった物語の上に掻懐の今がある。まさに村は掻き抱くように守られた歴史をもっているのだ。私はその日のうちに大分空港からの便で帰宅したが、翌々日に宅配便が届いた。件の先生からで、臼杵石仏などに関する資料が入っていた。たまたま会った他郷者にここまで親切にする。これが掻懐に伝えられた心なのだろうか。

未明（ほのか）
（島根県安来市）

雪の日の夕方訪ねた「未明」

　二十年以上も前になるだろうか。五万分の一の「米子」を眺めていたら、未明という地名を見つけた。「ほのか」とルビが振ってある。その集落は西に低い山を背負い、前に田んぼが広がっている。周囲は穏やかな山々で、その向こうの空がしらじらと明るくなってくる様子が頭に浮かぶ。

　いろいろな巡り合わせで、ここを訪れたのは真冬のしかも雪の日であった。未明への玄関口・山陰本線の安来駅舎は地元産の木材が使われた温かみのあるもので、「泥鰌すくい」のキャラクターも見える。安来は島根県の東端にあって鳥取県米子市とは隣り合っており、これから目指す未明の集落も、東へ三キロ足らずで鳥取県境だ。安

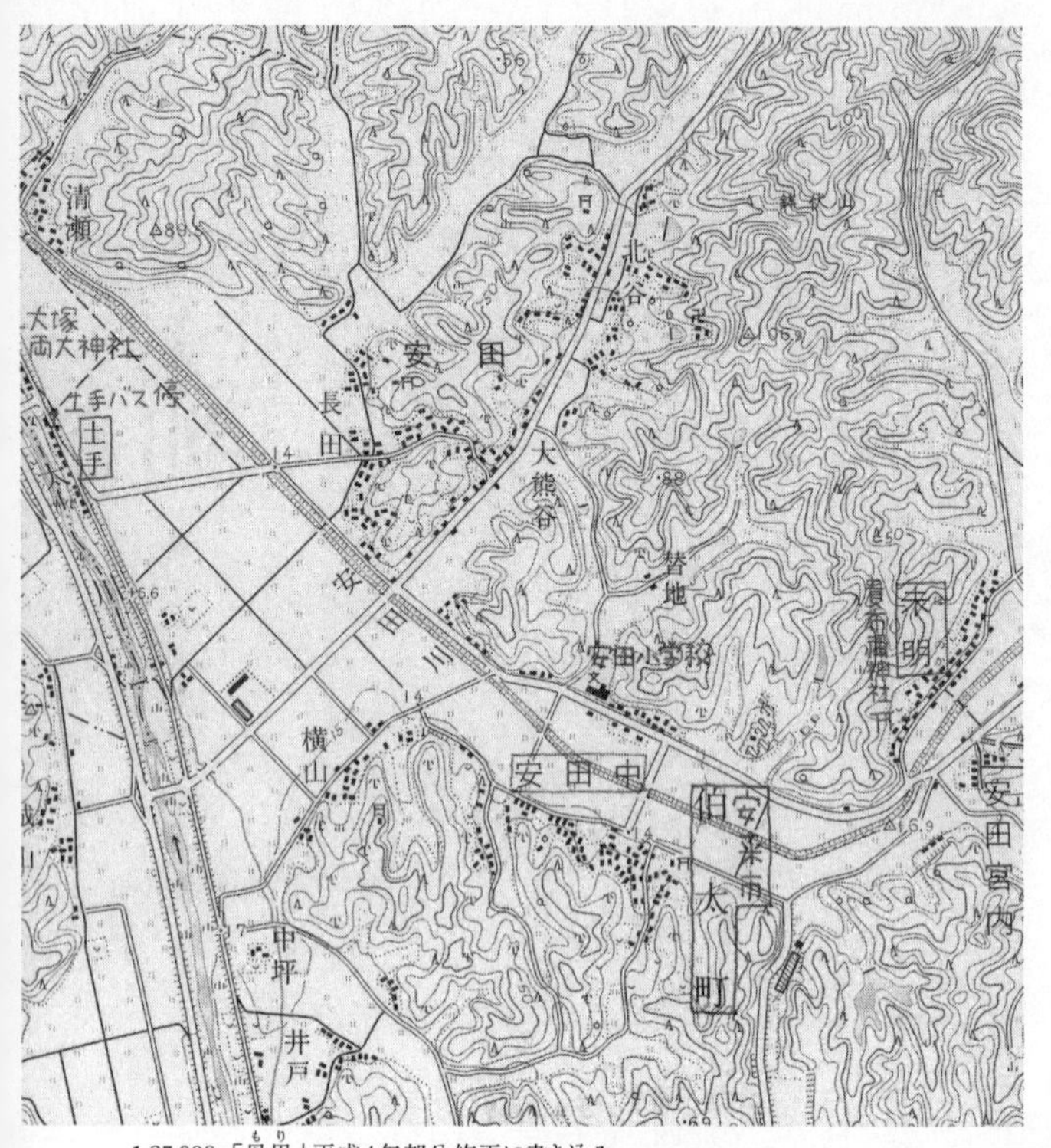

1:25,000「母里」平成4年部分修正に書き込み

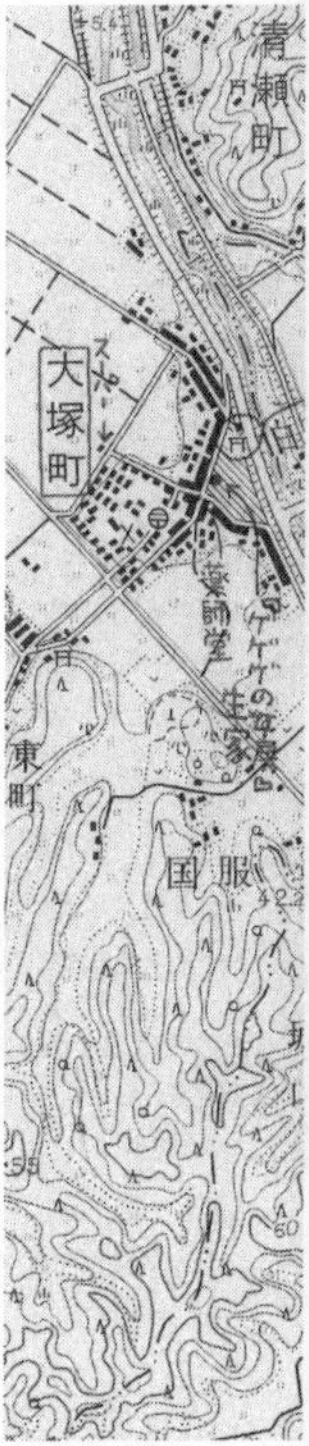

来駅前から上吉田行きの「広域生活バス」に乗る。未明へまっすぐ行く便がないので、大塚から先は三キロほど歩いて行くことにした。

安来市の大塚と聞いてピンと来る人は、NHKの連ドラを注意深く見ていた人かもしれない。平成二十二年（二〇一〇）に放映された「ゲゲゲの女房」で、ヒロインの村井布美枝が生まれ育った町である。彼女は頑固オヤジの父・飯田源兵衛が営む呉服屋の娘で、描かれた大塚の町はずいぶん大きく都市的な雰囲気であった。この連ドラが始まった頃に地形図で確かめたところ、映像の印象よりはるかに小さな集落で意外に思ったものである。しかし戦前の旧版地形図によれば大塚村という独立した自治体を成しており、「昭和の大合併」の時期にあたる昭和二十九年（一九五四）に安来市の一部となった。

安来駅前のバス停では誰も待つ人がおらず心配になったが、小型バスは時間通りに入ってきた。このバスは和鋼博物館前が始発である。和鋼といえば、出雲国は古くから鑪（たたら）による製鉄の盛んなところで、製鉄遺跡は至る所で発見されるようだ。宍道湖（しんじこ）に

地元産の木材が使われた安来駅舎

注ぐ斐伊川の上流部は、もともと花崗岩質で流出する土砂が多いのに加え、製鉄燃料として木材が過剰に伐採されて洪水が頻発した。この現象を「大暴れするヤマタノオロチ」になぞらえたという説もある。伐採を続ける製鉄民と土地を守りたい農耕民との間の対立がその背景にあるのだろう。

結局バスに乗ったのは私だけで、「どこまで?」と尋ねる運転手さんに「大塚のまん中へ」と答えると、「あのあたりはフリー乗降区間。スーパーのところで停まるから、詳しいことはそこの店員さんに聞いてください」とのこと。

途中誰も乗らないままバスを降りた。所要時間は二十二分。事実上のタクシーである。さそうなので、このスーパーでおにぎりを買いがてら、「ゲゲゲの女房」の放映中はどうでした、と聞けば「もう観光バスでたくさんの人が来て、すごかった」とのこと。さすがに落ち着いたそうで、今日は雪もあってか誰もそれらしき人は見えない。

町へ入ると電柱に巻かれた「ゲゲゲの女房生家　二〇〇メートル先」の案内看板が目に飛び込んできた。古くからの街並みに入ると中心部の四つ辻に薬師堂がある。案内板によれば江戸時代中期に疫病が流行したため、疫病退散と町の鎮護を願って町民が建て、幕末に建て替えられたものという。ここを左へ折れた通りが本町で、ここに「生家」はあった。家の前には真新しい御影石の「つなぎ石」が置かれていて、前面には水木しげる氏による夫妻の画が嵌め込まれており、左右から開けられた穴の中で手を繋ぐと「夫婦円満」「健康長寿」に霊験がある、ということだそうだ。この家でヒロインが水木しげる氏（本名は武良茂）に初めて出会ったことにちなむ石で、その傍らには、日本の観光地になくてはならない「顔はめ看板」もあった。人通りもなく、雪の中でひとり顔を突っ込んで自分で撮るのも不審だし、看板の前に所在なく立っていると、隣のお宅から出てこられた女性が一人。これからお出かけのようだったが、お話を伺った。やはり連ドラ放映当時はこの大塚に全国から何万人も集まってきたそうで、この通りはごった返していたという。

「大塚の町はそれほど古くなくて、町になったのは江戸時代の初め頃。もともと、このあたりは頻繁に伯太川（はくた）が氾濫するところだったのですが、松江藩主の京極若狭守が土手を作らせてからのことだそうです」

後で実際に土手を見に行ったら、大塚両大神社脇の案内板にはこの土手が寛永十一年（一六三四）に藩主となった若狭守が河川改修で築いたものと記されていた。その後段には「砂鉄を採った為、川床が高くなり、明治十九年（一八八六）の水害で堤防が切れそうになった為、明治三十四年（一九〇一）現在の高さにかさ上げした」とあり、ここでも明治まで「ヤマタノオロチ」が暴れていたことがわかる。ちなみに若狭守はここだけではなく斐伊川の築堤も手がけており、出雲市にも川跡（かわと）地区に「若狭土手」がある。さらに出雲の地方では土を高く盛ることを「ワカサをかける」と表現するという。

大塚のことについてお詳しいので、ダメもとで未明（ほのか）の由来を尋ねてみると、意外にも未明のご出身だとのこと。

「後醍醐天皇が通られた際にほのかに夜が明けた、という話が伝わっています。今の出雲街道（国道一八一号）は米子の方を回っていますが、当時の街道は大塚より少し南側を通っていたそうで、未明を通ったのでしょう」

雪がだんだん強くなってきたこともあり、未明で果たしてその種の話が聞けるかどうか不安に思っていたので、ここで情報が得られて本当に良かった。かつて造り酒屋で、銀行の支店でもあったという屋敷の裏の路地を抜け、明治期にかさ上げされた若狭土手に突き当たると、ずいぶん年季の入ったコンクリートの大きな箱状の物体が目に入った。近づいてみると「ŌTSUKA JŌSUIDŌ 1931 SINSETU 1957 KAKUTYŌ」

とタイルを並べて書いてある。「大塚上水道　一九三一年新設　一九五七年拡張」ということだろうか。

その直下には次のような案内板があって疑問に応えてくれる。

旧簡易水道貯水槽　大正時代より毎年伝染病が発生していた。その原因は飲料水であることが判明し、昭和六年島根県内初の大塚簡易水道ができた。水源は伯太川の伏流水を汲み上げ貯水槽に溜め消毒し全戸に給水していた。

大塚の薬師堂。江戸期に疫病退散を願って町民が建てたもの

「ゲゲゲの女房」の生家には縁結びの「つなぎ石」が

かつては賑やかな商店街だった大塚のメインストリート。「ゲゲゲの女房」の放映中は観光客でごった返したという

県内初の簡易水道というのだから、連ドラで見た「ゲゲゲの女房」のあの大塚の町の賑わいは、決して誇張されたものではなかったのかもしれない。堤防に上がると土手というバス停があった。地形図を見ると土手という集落であるが、若狭土手の話を知ると、このシンプルな地名に込められた重みもわかる。ここから未明の集落までは約三キロの道のりであるが、吹雪というほどではないものの、雪は横から吹き付けてくる。田んぼの中の道を自動車はよく通るのだが、歩いている人は見えない。

お昼時なのにどんより暗い空から雪がひたすら降り続く。わずかながら谷に入ったこともあってか、先ほどより地面の雪が増えたかもしれない。小学校や交流センターのある安田の集落を過ぎた。ここは昭和二十七年（一九五二）まで未明が所属した安田村の役場が置かれていたところだ。その先の山裾を回って未明の集落に入る。旧道らしき道はまったく静かで自動車さえ来ない。小さな貴布禰（きぶね）神社の、まだ足跡のついていない参道の石段脇には、雪に映えるナナカマドの鮮やかな赤。

それにしてもこの雪は当分止みそうもない。もし晴れていれば、少し先の峠下（たわしも）集落にも行ってみたかった。タワというのは中国地方では峠のことで、トウゲが「タワ越え」から転訛した説もあるから、その峠の原形である。そこにはかつて関所も置かれていたそうで、関、関山といった地名もある。ここを越えれば出雲国から伯耆国（鳥取県西部）に入った先に「豆腐屋」と「酒屋側」という珍しい地名も揃っていて魅力的なのだが、この先の山道で遭難してもよろしくないので、来た道を引き返すことにした。未明には米子駅行きのバス停もあるのだが、一日わずか五往復で次の便はあと三時間以上。ひたすら大塚まで歩いて戻った方がいい。

ふたたび大塚にたどり着くと、安来駅行きのバスまではまだ一時間あるので、大塚交流センターにお邪魔した。バスを待たせてもらえますかと聞くと、センターの職員

江戸初期に松江藩主が築いた「若狭土手」と大塚両大神社。土手は明治以降にかさ上げされている

昭和6年（1931）に県内で初めて建設された簡易水道の貯水槽。町民の個人負担もあったが、期待通り伝染病防止に力を発揮した

土手バス停は若狭土手の脇にある。集落の名前も土手

の女性が「もちろんです。この雪の中大変でしたね」とザックカバーの雪を払ってくれる。ストーブで乾かしてくださいと図書室に案内され、温かいコーヒーをいただいた。冷え切った身体には実にありがたい。

昔の大塚に関する本を差し出され、「地元の九十歳を超える足立耕さんという方、昔は学校の先生をしてらしたんですが、いろいろと細かく調べてまとめられた」という『大塚ふるさと史話』には、昔から今に至る大塚のさまざまなことがぎっしり詰まっていて、先ほど通った簡易水道の建設にまつわるさまざまな苦労話もあれば、当地で今も全国の三割以上を生産するという軟式テニスのガット工業のことも記されていた。もともと原料はマッコウクジラのスジだそうで、これを水に浸してから引き裂いて撚り合わせ、ゼラチンや膠（にかわ）で薬剤処理するというもので、当地では江戸時代頃から牛のスジを使って綿打ちに使う「弓づる」作りの製法が伝わっており、これを応用したという。需要の伸びに牛スジの供給が追い付かず、日清戦争後にマッコウクジラによるガットが始まった。

幕末から明治にかけての大塚の家の配置図も載っている。たとえば「ゲゲゲの女房」の生家の通りは、薬師堂の方から幟描（のぼりかき、と読むのだろうか）、足袋屋、雑貨屋、空地、小間物、酒屋、呉服屋、豆腐屋、大工、呉服屋、雑貨屋、ろうそく屋、博労、旅館、倉庫、料理屋、飲食店。反対側は茶店、鍛冶屋、呉服屋、魚屋、医師、醤油屋、倉庫、菓子屋、農、製糸、床屋、豆腐屋、斬髪屋（床屋との違いは何だろう）、菓子屋、農、酒屋とあり、いろいろな店や業種がひしめいていた様子がわかる。他の通りには膳作り、洗張屋、紺屋、桶屋、車曳屋、煙管屋、傘屋、提灯屋、油屋、風呂屋、産婆などなど。若狭土手の大塚両大神社には茶店もあり、生活に必要なものは、この大塚でほとんど間に合ったのではないだろうか。

未明の由来も忘れてはいけない。図書室にあった『伯太町誌』上巻を調べると、次

未明・貴布禰神社の石段を彩るナナカマド

雪に包まれた未明の集落。前方の山を左側に巻けば、安田を経て大塚に至る

未明の標識。正式な大字名は伯太町未明。今は安来市内だが伯太町時代のものが残されている

のように載っていた。

未明（ほのか）　後醍醐天皇隠岐遷幸のさい、四十曲～日野郡内～車尾深田～安田関～清井雲樹寺～安来乗相院（泊）と通過の途中、夜がほのぼのと明け初（そ）めたころ通られた場所で、「ほのかに明けたり」と仰せられたため「未明」の地名がつけられたという。

後醍醐天皇が元弘二年（一三三二）に隠岐に流される途中にここを通過したというのである。経由地を見れば岡山県北部から鳥取県の日野郡へ四十曲（しじゅうまがり）の峠を越えて米子市東部にあたる車尾（くずも）まで出雲街道（現在の国道一八一号に相当）をたどり、そこから関所が置かれていた未明の東隣の安田関を経て、ここでようやく夜が白々と明るくなってきた、ということだろう。クーデターに失敗、謀反人として遠い隠岐へ護送される道中であるから、「ほのかに明けたり」の言葉にも万感がこもっていたに違いない。

調べ終わってほどなくバスの時間となった。雪は相変わらず降り続いている。

瓦葺(かわらぶき)（埼玉県上尾(あげお)市）

見沼(みぬま)代用水が立体交差する町

さいたま市の大宮駅から宇都宮行きの電車に乗った。何気なくドア上のLED表示を見ると「次は　トロ」とある。土呂駅なのだが、カタカナで書かれると回転寿司を連想してしまう。今日の目的地へはトロの次の東大宮駅から歩いて行く。駅は取材した平成二六年（二〇一四）にちょうど開業五十周年を迎えたのだそうで、駅コンコースには開業当時の駅前の様子などを撮った写真が掲示されていた。駅前には麦畑が広がっており、「雨が降ると泥道になりました」とキャプションが入っている。その当時は東大宮に限らず、私が住んでいた横浜郊外でも舗装道路など一キロ歩いた先の厚木街道（県道）まで行かなければ見られなかった時代である。

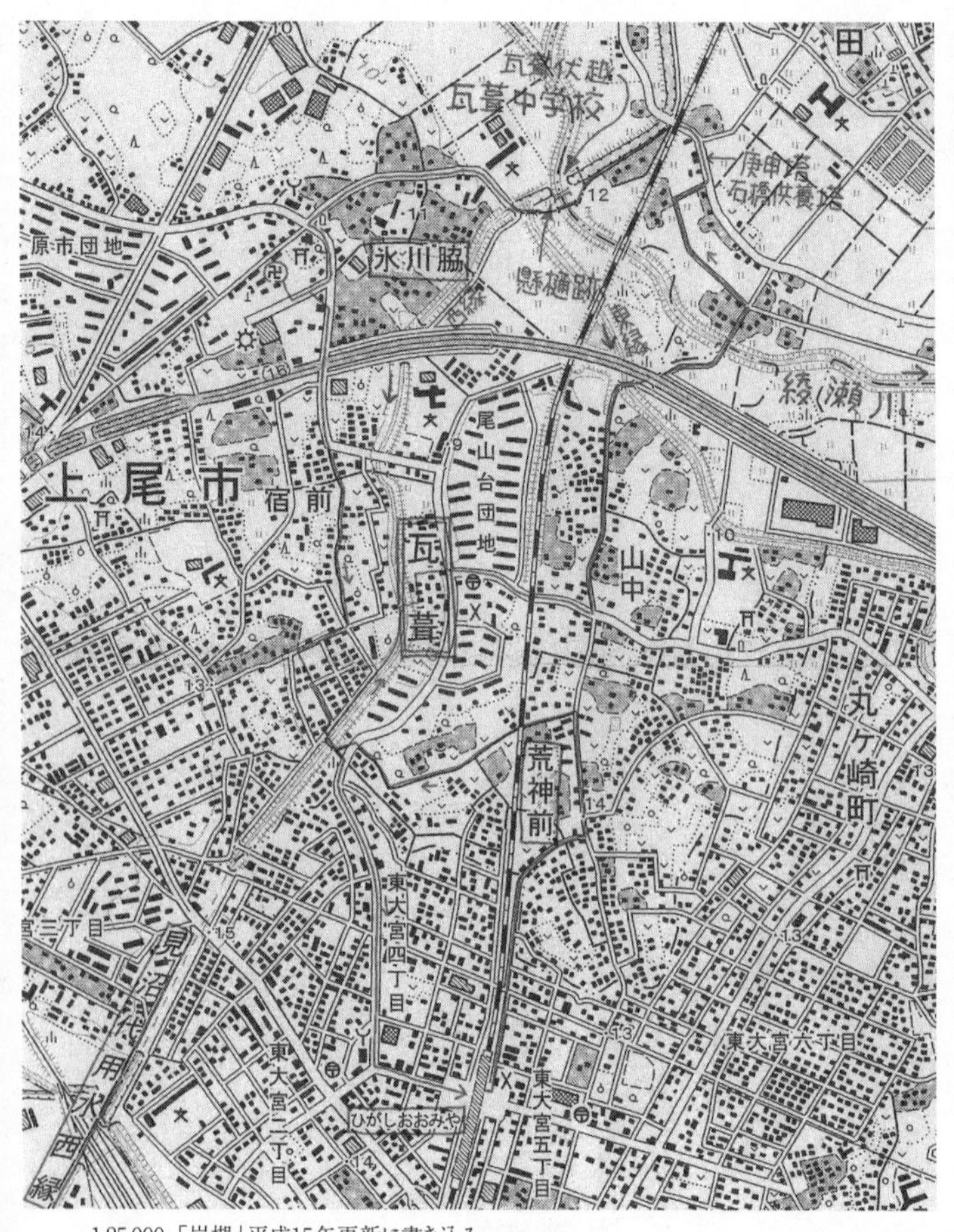

1:25,000「岩槻」平成15年更新に書き込み

開業日は昭和三十九年（一九六四）三月二十日だから、五十歳の誕生日もすぐ間近に迫っている。次の写真には「駅前も茅葺きづくりの民家がありました」とあって、いかにも古そうな茅葺きの農家らしき平屋が画郭におさまっている。そういえば今日は茅葺きではなく、上尾市の瓦葺という地名を訪ねる。東大宮駅はさいたま市見沼区内にあるが、数百メートルも歩けば上尾市だ。

現在の東大宮駅は泥道などとっくの昔に姿を消し、今では駅前のロータリーとそれを取り囲むコンビニや居酒屋の入ったビルなどが立ち並び、郊外住宅行きのバスが客を待つという、典型的な首都圏の郊外駅前風景に「成長」している。駅前に停まっていたバスの行先表示は「アーバンみらい・ファミリータウン」と脱日本語化も著しい。駅前の住所の表示は「東大宮」で、昭和四十四年（一九六九）に駅名に合わせて「砂」という地名だった区域の一部を割いて改称した。土呂と砂が隣り合っているのも興味深いが、やはり関東平野のまっただ中の低地ならではの地名だろうか。

瓦葺の集落は、旧版地形図によれば東北本線の東側手前に下瓦葺、西側に上瓦葺と分かれているので、まずは駅に近い下瓦葺からスタートしよう。線路際を歩いていくと宅地続きでいつの間にか上尾市瓦葺に入った。地図を見れば区画整理済みのさいたま市と、畑の中にミニ開発が進む迷路状の上尾市の街路が対照的だ。「新築分譲住宅東大宮駅徒歩十分！」と案内標識が畑の傍らに立っているあたりでやはり道に迷ったが、なんとか東北本線の小鹿踏切を西へ渡り、市民農園の脇を抜けると用水に架かる橋に出た。

新田橋の下を流れる水は豊富で、橋桁のすぐ下まで水が迫っている。これが有名な見沼代用水（みぬまだいようすい）で、江戸初期の寛永六年（一六二九）に広大な面積をもつ見沼（三沼）を干拓した際、従来この沼から水利を得ていた村々に農業用水を代わりに供給する目的で享保十三年（一七二八）に開削された。水源は利根川である。その後も何度か改修されて今に至っており、橋の下を流れているのは東西二本のうち西縁（にしべり）用水で、文字通りかつての見沼の西縁を巡って南下していく。

元は大半が田んぼだったのに「尾山台」を名乗る団地から、ふたたび踏切を渡って東側の下瓦葺へ戻り、昔ながらの道を北上する。土地は徐々に低くなり、先ほど渡った見沼代用水東縁用水をふたたび渡る。このあたりは村はずれで、昔は見渡す限り田んぼが広がっていたのだろう。東大宮バイパスをくぐると隣の蓮田市に入った。少し歩いて綾瀬川を八幡橋で渡れば馬込（まごめ）の集落で、河畔には農家がゆったりと屋敷を構えている。

わざわざ隣の市に入って迂回したのは、見沼代用水と綾瀬川の立体交差を見るためだ。川が立体交差するのは平野部では珍しくないが、いろいろな工夫がしてあるので興味深い。脇道へ入ると田の傍らに植えられた梅の木が白い花を咲かせている。風はまだ冷たいが、弥生に入って日差しは少し穏やかになってきた。古い庚申塔や石橋供養塔もあった。庚申塔の側面へ回れば正徳五年（一七一五）とあるから、建てられてから約三〇〇年である。石橋供養塔はもう少し新しくて延享四年（一七四七）。

庚申塔には「武刕（州）崎玉郡下蓮田村」とあるが、明治八年（一八七五）には上蓮田村と合併して蓮田村となっているので、現在の大字も「蓮田」である。それでも

2014年３月20日にちょうど50周年を迎えた東大宮駅

すぐ近くの東北本線にはその昔ながらの下蓮田踏切があって旧地名を今に伝えている。この路線も明治十八年（一八八五）には日本鉄道奥州線としてすでに開通しているから、まだ消えて間もない旧村名を踏切名として保存できたのかもしれない。

踏切を渡るとすぐ見沼代用水で、それを南西へたどれば用水の立体交差地点に着く。事前に新旧の地形図を見比べて驚いたのは、立体交差の関係が変わっていたことである。昭和二十八年（一九五三）測量の旧版では用水が上を通っているのに、現行図では逆に綾瀬川が上を通る表現になっている。川も用水も水位はそれほど変化しないだろうから、上下関係が入れ替わるなど考えられず、どちらかが間違いではないかと不審に思っていたところだ。

しかし現地へ来て一目瞭然、入れ替わりの謎は解けた。かつての見沼代用水は旧版地形図の通りに綾瀬川を懸樋（かけとい）で越えていたがその後廃止され、「逆サイフォン」の原理で川の下に水をくぐらせる伏越（ふせこし）に変更されたのである。懸樋であったことを今に伝える赤煉瓦の構造物の一部も残っていた。傍らには石碑が三つ並んで建っており、それらを解読すれば何か手がかりがつかめるかもしれない。このうち明治四十三年（一九一〇）の「埼玉県知事正五位勲四等島田剛太郎篆額」による「改修懸樋碑記」は全部漢文で読むのはしんどかったが、概ね次のように刻まれていた。少々長いが要約してみる。

見沼の渠（みぞ）は大将軍徳川吉宗公の命により井沢弥総兵衛が享保十二年（一七二七）に開鑿した。この渠には元圦（もといり）、八間堰、十六間堰、伏越、懸樋という構造物が設けられ、このうち懸樋は木材を用いているので毎年必ず補修してきた。しかし維新後は老朽化が進み、さらに取水量を倍増させるため大改修を行うことになった。

綾瀬川に架した懸樋の長さは九〇尺（約二七・三メートル）、広さ二四尺七寸二分

水量豊富な見沼代用水西縁に面したUR 尾山台団地も瓦葺の一部

綾瀬川を越えると隣の蓮田市。ここは馬込（辻谷）の集落

かつての下蓮田村、旧道にたたずむ庚申塔など３基

（約七・五メートル）、深さ六尺一寸五分（約一・九メートル）、鋼鉄二万二〇一四貫（約八二・六トン）、鉄具二三七貫（約〇・九トン）、鉄線六四貫（二四〇キログラム）、木材四四八七本、硬石一〇二枚、煉瓦二五万九七〇枚、膠灰八〇一樽、砂礫一石一斗五升、毛皮二巻、竹縄二九二条、二子縄二六七二条、藁苞（わらつと）六四六〇、竹材二七一八竿、杉皮五二束、柳条一〇五束。工事には職工および雑役夫一万三二〇七人、工吏二人、工夫一人。

資金はおよそ三万九一八二円で、うち埼玉県の出金は一万一二九五円、東京府は四二二五円、その他補助。あとは全部組合町村が拠出した。県庁技師・島崎孝彦技師が監督して完成を急いだところ見事明治四十一年（一九〇八）三月に完成、水は漏れることなく滾滾（こんこん）と矢の如く流れ、東縁用水は南北足立郡と南埼玉郡の五六四八町、西縁用水は二六六四町の田を潤すことになった。

工事に用いられた原材料や人数を書き写すだけで、大変な工事であったことがひしひしと伝わってくる。「毛皮二巻」なんて、何に使ったのだろうか。現存する煉瓦の遺構は明治四十一年の改修の際に木製から改められたもののようだ。それが伏越となったのは昭和三十六年（一九六一）という。これは傍らで水をあちら側へ送っている

「瓦葺伏越」という銘板の年号記載でわかる。もともと綾瀬川の水面から懸樋の底まではそれほど高度差がないため、洪水の時には綾瀬川の水位上昇で持ち上げられたり、障害物が引っかかったりという場面が何度もあったようだ。根本的な解決策は伏越に改めるしかなかったのだろう。地形図はどちらも正しいことがわかった。オオイヌノフグリが青い花を一面に咲かせている綾瀬川の土手に腰を下ろして一休みしていたら、すぐ近くの東北本線綾瀬川橋梁を紫色のコンテナを満載した貨物列車が通過していった。

明治41年(1908)に木製から煉瓦製に改修された瓦葺の懸樋の痕跡

昭和36年(1961)に完成した瓦葺伏越。前方の綾瀬川からくぐってきた水がここへ出てくる

JR東北本線(宇都宮線)の綾瀬川橋梁

東縁・西縁の用水が分岐している場所から北西へ折れて瓦葺中学校の前に出る。今の学校だから当然ながら瓦葺きではなくコンクリートの陸屋根であるが、昔は瓦葺きだったのだろうか。そんなことを考えながら歩いていると、「有限会社　黒須瓦工業」の看板。傍らには「美しい日本の瓦屋根」と染め抜いた幟がはためいている。見渡したところでは瓦をここで製造している様子はないが、今日は日曜だから後日電話で聞いてみようか。

氷川脇の地名の通り、地形図に見える神社記号は瓦葺氷川神社であった。由緒案内を見れば、かつて瓦葺村は一村であったのを正保から元禄の頃（一六八八〜一七〇四）に上瓦葺・本（もと）瓦葺・下瓦葺の三村に分かれたとあり、氷川社は上瓦葺村の鎮守だったそうだ。明治期には上下本が再び統一されて瓦葺村となるが、神社は政府の合祀政策によって地内の神明社、天神社、それに神明社の境内にあった荒神社を合祀して現在に至っている。地形図には下瓦葺に荒神前という名残の字名もあり、これも明治以前の歴史を物語る貴重な地名だろう。

瓦葺氷川神社の名前とは裏腹に社殿は銅板葺きであったが、すぐ近くのお寺は立派な瓦葺きで、しかも最近葺き替えたばかりに見える。楞厳寺（りょうごんじ）という曹洞宗の寺だ。住職に瓦葺の地名の由来を聞いてみたところ、「さあて」と首を傾げながらも、「瓦屋さんがあるんですよ。古くからの。その瓦屋さんにちなんで瓦葺になったという話を聞いたことがありますが、詳しくはわかりません」という。この話はバイパスを歩道橋で渡った先で会った、柴犬を散歩中のおじさんの証言とも一致した。彼は坊さんより自信に満ちて「それが地名の由来です」と断言した。翌月曜日に黒須瓦工業に電話してみると、奥さんらしい人が出た。「詳しいことはちょっとわかりませんが、今の社長が九代目か十代目ですからねえ、古いです」という。

十代目といえば三〇〇年近くも前から瓦屋さんをやっている可能性もあるだろう。

瓦葺中学校の校門。瓦屋さんはすぐ近く

瓦葺氷川神社。境内に勧請された天神社には合格祈願の絵馬が目立つ

見事な瓦葺きの楞厳寺

以前は瓦の製造もやっていたのだが、今は愛知県産の瓦を問屋から仕入れて工事している。昨日の楞厳寺の屋根瓦もこちらで受注したとのことで、素人目にも実にきれいに仕上がっていた。それだけ続くということは工事にも定評があるのだろう。名刺やパンフレットを見ても、「上尾市瓦葺」の瓦屋さんなら、他よりここに頼んでみよう、ということになりそうだ。

しかし帰宅してから『角川日本地名大辞典』で調べてみると、意外な由来が書かれているではないか。冒頭からこんな具合だ。

「埼玉県東部、綾瀬川右岸の大宮台地上に位置する。地名の由来は綾瀬川の河原の低湿地から生じたという（地名誌）」

河原が瓦に転じたのはいいとしても、ブキ（フキ）を低湿地とぶっきらぼうに言い切るのは不親切だ。地名に関心ある人なら知っているが、フキはフケと同じく低湿地に特有の地名である。全国を見渡せば布気、福家、深日などいろいろな字が当てられたフケがあり、滋賀県守山市では浮気(ふけ)町というユニークな例もある。浮気もなかなかだが、瓦葺の先住者たちもずいぶんとお茶目ではないか。ところで気になる地盤だが、先の辞典にも「台地上に位置する」とあるから、地名の由来となった低湿地と集落は別らしい。少なくとも古くからの集落についてはひとまず安心だろうか。

ダバ・駄馬・駄場(だば)

(高知県高岡郡津野町)

焼酎になった地名

四国の西側、つまり愛媛県と高知県のそれぞれ西部には駄馬(駄場)という地名がたくさんある。他の地域にほとんど存在しないので、まさに「地域限定」の地名だ。これらの多くは深い山の中にあるが、この文字遣いは謎めいている。駄馬という文字からは、たとえば木炭を山から町へ黙々と運び降ろす短足で優しい眼をした在来種の馬の姿が思い浮かぶ。実際にはどんなところだろう。便利なもので、今では国土地理院の地形図検索サイトにあたれば、地形図に記されている地名は全国レベルで瞬時にしてわかる。全国の駄場・駄馬の分布は次の通り(取材当時)であった。

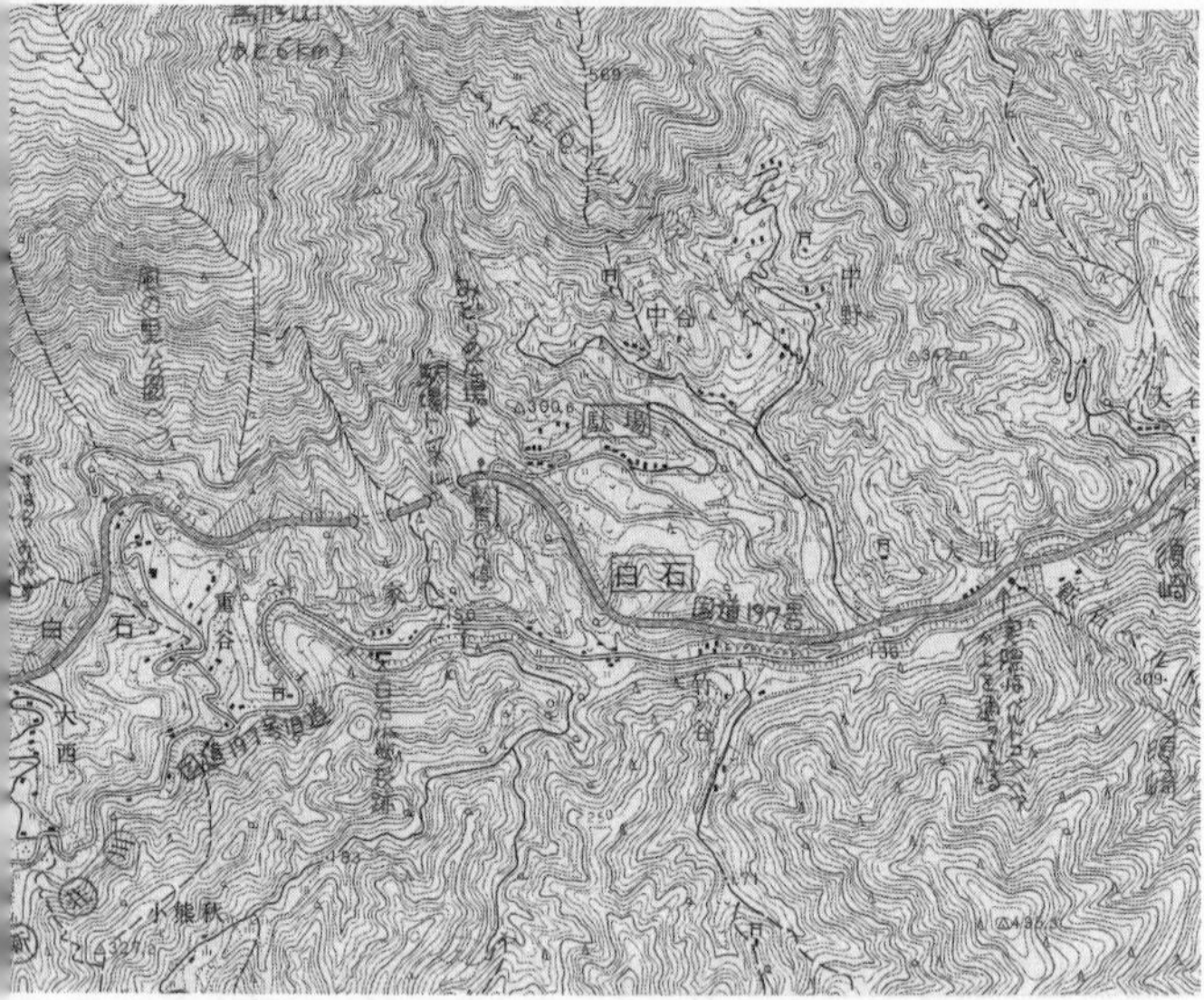

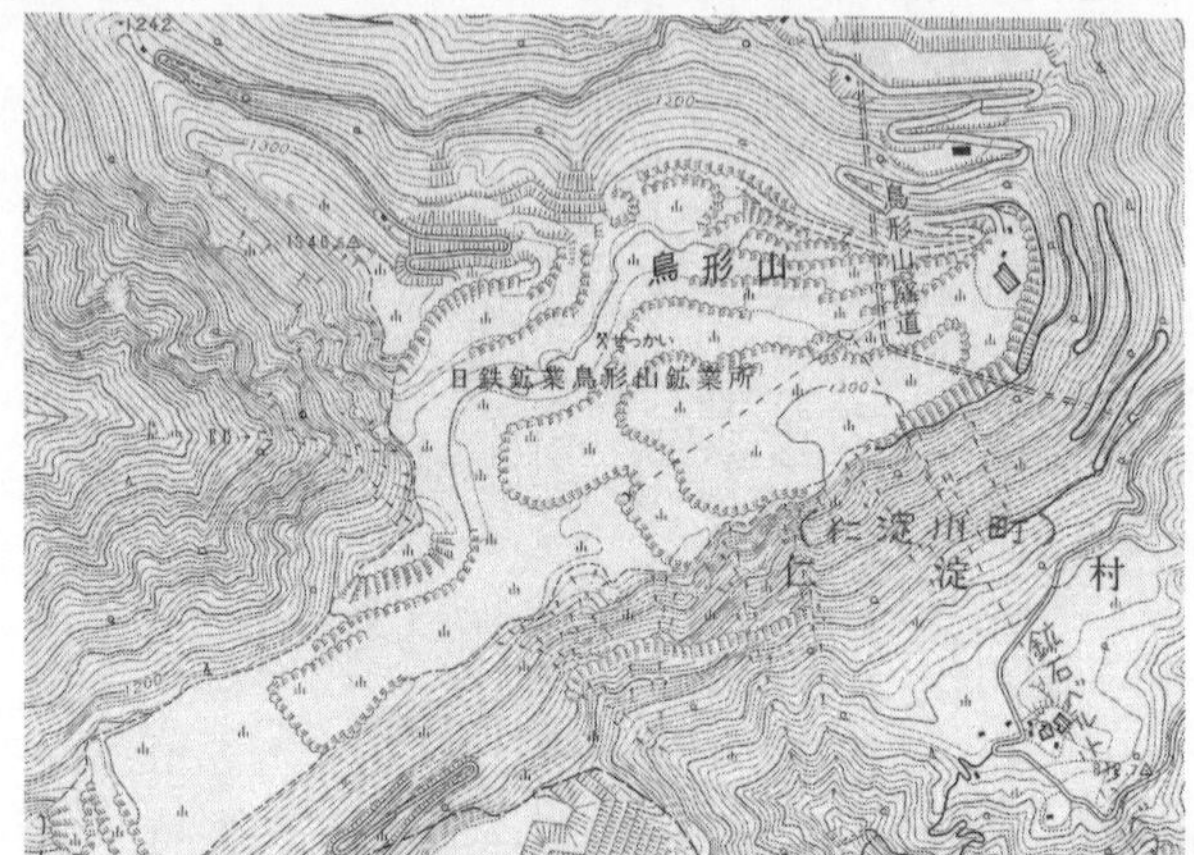

1:25,000「長者」平成9年部分修正（上）と「王在家」平成13年修正（下）にそれぞれ書き込み

［愛媛県］
駄場（松山市・八幡浜市・西予市・久万高原町・砥部町・内子町・愛南町・大洲市）、上駄場・下駄場（松山市）、平駄馬・馬駄馬・中駄場（宇和島市）、文治が駄場・源氏ヶ駄場（西予市）、岡駄場・大駄場（愛南町）、延川駄馬（鬼北町）

［高知県］
上駄場・下駄場・太郎駄場（宿毛市）、伊予駄場（土佐清水市）、駄場（津野町・土佐清水市・四万十町）、遊駄場・高段駄場・大駄場（大月町）、小野駄場・藤ヶ駄場・西ヶ駄場（三原村）、柳駄馬（土佐清水市・四万十市）、栗の木駄馬（四万十市）、烏巣の駄馬（檮原町）

［熊本県］
牛駄場（相良村）

地名の「証拠写真」は、都市部なら電柱に巻かれた住居表示の案内などがあって便利だが、山村だと珍地名を表示してあるところが意外に少ないため、確実に目立つ存在であるバス停を探すことにしよう。たまたま十年前に発行された高知県の道路地図帳を持っていたので、そこに載っているバス停で駄馬（駄場）を探し、これを候補地とすることにした。できれば何か所か訪ねてみて、その由来などもわかればいいのだが。

高知県の山の隅々に分け入るように伸びた定期路線バスは一日二〜三往復程度のものも珍しくないため、高知駅でレンタカーを借りた。まず目指したのは高岡郡津野町の「駄場」という地名で、須崎から北西の山へ入ったところである。高知自動車道の須崎中央インターから新荘川に沿って国道一九七号を遡る。

この国道は高知市から四国山脈を越えて愛媛県の大洲へ抜け、その先は八幡浜から佐田岬（さだみさき）半島を伝って海を渡り、大分県の佐賀関から大分市に至る長い国道で、かつては語呂合わせで「行くな」と呼ばれるほど道が悪い「酷道」で知られていたが、最近では大幅に改修されている。檮原街道、津野山街道などとも呼ばれる一方、かつて坂本龍馬が脱藩する際にたどった道であることから「脱藩の道」としても知られているようだ。

須崎市から津野町（旧葉山村）内に入るとだいぶ山里の雰囲気であるが、まだ谷は広く集落も点在しているので交通量も多い。津野町役場を過ぎると石神奈路（いしがみなろ）というバス停が目に付いた。実は「ナロ」という地名も高知県に多いもので、他に奈路、成という字を当てるが、急斜面ばかりの山間地の中における貴重な緩傾斜地に名付けられることが多い。ナロはナラス（均す）に通じる語で、四国以外ではナラまたはナルとなり、奈良県の奈良もこれに類するという説がある。地形図では石神成の表記で「なろ」のルビが振ってあるので、バス停とは表記が食い違う。道路地図を見れば新荘川を渡ったところに住吉神社があるから、おそらく神社関係の小平地ではないだろうか。

ここの標高は七五メートルほどで、一〇〇メートルを越えた杉の川という集落を過ぎれば谷は狭くなり、バスの本数も一日十往復から六往復に減る。ほどなく前方に見えてくるのは、地形図によれば石灰岩運搬用のベルトコンベアの覆いである。これは福岡県香春（かわら）町でも見てきたばかりで、昼飯（ひるい）や採銅所（さいどうしょ）という石灰鉱山の近くを取り上げたのはまったくの偶然であるが、そもそも珍地名というのは石灰岩が採れるところに多いのだろうか。

地形図を見ると、駄場が所属するのは白石（しらいし）という大字であり、小学校もあるようなので行ってみることにした。白石という地名は珍しくもなんともないが、白っぽい石灰岩からの連想で、もしや石が白いからこの地名が付いたのではないかと気になったのである。後に『角川日本地名大辞典』を調べたところによれば、「地名は山川に白石が多いために名付けられたという」、と『土佐州郡志』の記述が引用されていた。これはシンプルであるが信憑性は高そうに思える。日本の地名に当て字が多いのは確かだが、わざわざ難しい名前を付けようとしているわけではなく、ぴったりした字があればそれを使うのは当然だからだ。

ある地質の専門家から、ネットで見られる「日本シームレス地質図」を紹介してもらったことがある。シームレスの言葉通りに繋ぎ目のない地質図が閲覧できるようになっていて、拡大縮小も簡単である。きれいに色分けされたところをクリックすると、その場所の地質の説明が表示されるもので、白石地区の北側に聳える鶴松森(かくしょうもり)の南斜面の一部には石灰岩の青色で示された帯状のエリアがあって、そこをクリックすると「約一億六一〇〇万年~一億三〇〇〇万年前に付加した石灰岩(セメントの原料)地質年代:ペルム紀―前期白亜紀、岩相:石灰岩ブロック(付加コンプレックス)」と出てきた。

専門用語の連発で私のような素人には難しいところもあるが、ちなみにここに記された「付加コンプレックス」をクリックすれば「海洋プレートが大陸プレートの下に沈み込む際、海洋プレート上の堆積物や火山岩などが大陸地殻側に付加された地質体」と出てくるのがありがたい。要するにプレートが沈み込む際に接触した部分が強大な力で剝ぎ取られて陸側にくっついたもので、だから付加体という。太平洋のまん中にある海嶺からフィリピン海プレートが一年間に数センチの速さで西向きにゆっくり動き、次々と日本列島の下に沈み込んでいく。その場所に生じた海溝が西日本なら南海トラフであり、これが歴史上何度も動いて震災を引き起こしてきたのであるが、この運動があったからこそ日本列島も作られた。

話が長くなったが、南の海に生息していた珊瑚などの死骸のカルシウムが多量に堆積してそれがはるばる日本列島まで運ばれ、それが前述の付加体となり、さらに持ち

津野町に入ってほどなく石神奈路に到着。新荘川の南側に棚田の風景が広がる

1日6往復の檮原行きバス。旧道の白石小学校前を経由するのは、このうちわずか2往復のみ

上げられたものが石灰岩である。シームレス地質図の青く着色された石灰岩エリアを中心に眺めていくと、しばしば白岩とか白石、それに白岩山などの地名が目立つ。今回訪れた白石地区もその石灰の入った山体が浸食されて白い石がごろごろと川の中に堆積したあたりが特徴となり、それが白石と名付けられたと考えれば自然だ。

白石地区の全体がのっぺりと石灰岩でないところがミソで、周囲の石が黒い、あるいは茶色いのに、ここだけ白いからこそ特徴になるのだ。周囲すべてが白かったら白石と名付ける動機にはなり得ない。見渡す限り平坦な武蔵野にこそ窪（久保）の地名が多く分布し、また土佐の山脈の中に少しは平らな緩傾斜地を示すナロ（奈路）の地名が多いのと同じ原理である。

ベルトコンベアをくぐると間もなく国道一九七号の新旧道の分岐点があり、まずは白石小学校を見るため左の旧道へ向かった。道幅三メートルほどの曲がりくねった一車線道をしばらく行くと木造校舎が見えてきた。白石小学校前のバス停が校門の前にある。檮原行きのバス六往復も新道経由が四往復なので、こちらに停まるのは一日わずか二往復に過ぎない。

現役の小学校と思ったが人の気配がない。周囲を見渡すと「白石小学校閉校記念碑」と題する石碑があって、平成二十二年（二〇一〇）三月に閉校したことが記されていた。閉校時の児童数は十九名だったという。過疎が進む山村ではどこも似たような状況で、たまたま前日の宿で読んだ高知新聞に、「県内の小学校が二〇〇校を割る」という記事があった。この平成二十六年（二〇一四）四月には一九六校になるそうで、最盛期の昭和三十年（一九五五）には四八五校だったそうだから、半減以下である。

学校の向かいにある急斜面の畑で作業していた老夫婦に白石や駄場の由来を聞いてみたら、やはりご存じでない。どこから来たの、東京から、はあそれは遠くから……。地名の由来を知りたくて、と説明したが、私には残念ながらこの方言を聞き取る能力がない。昔むかし偉い人がいて用水を引いたんだ、という話だけはわかったけれど。

駄馬のバス停を確認するため、先ほどの新旧道の分岐点まで戻った。新しい二車線道路は旧道よりはるかに速く走れるので、あっという間に駄馬バス停に着いてしまう。その先に口を開けているのは「駄場トンネル」で、これは地名の方に合わせたようである。地名表記がしばしば揺れるのは全国どこでも同じだ。

バス停の目の前は「みどりの広場」という公園になっていて、桃色の濃い色の桜が満開だった。平日ということもあり、家族連れがわずか一組だけ花を愛でている。路傍の売店ではお弁当を売っており、ちょうどお昼時になったので購入、レンジで温めてもらっている間に駄馬の由来を店のおばちゃんに聞いてみた。

「昔はどこの農家でも馬を飼っていたでしょう、だからでしょうか。そういえばあっちの山（南側を指さして）で、昔むかし競馬をやっていたという話を聞いたことがあります。今は茶畑になってますけど」

白石の由来はもしかして石の色ですかと水を向けると、「気づかなかった。それは面白い。そうかもしらんねえ」と興味を持ってくれる。こういう嬉しい反応を示してくれる人は珍しい。鳥形山（とりがたやま）鉱山が近くにありますね、と話したら「この二キロほど先を右へ曲がって山へ登れば風の里公園というのがあって、そこから鳥形山の鉱山がどーんと見えます。てっぺんを削って平らにして、そこに大きな重機が動いていてすごいですよ。鉱石はみんなベルトコンベアではるばる須崎の方へ送ってます。延々と長い距離をねえ」

そんな話になったので、各地のダバ詣でより鳥形山見物へ急遽予定を変更、そちらへ向かった。教えてもらった分岐点から先の道は舗装はされているものの一車線道路で、ところどころ行き違い用に広くなっている。それでもほとんど行き違うクルマもなく、延々と一〇キロほどもハンドルを右に左に切ってよじ登ってようやく尾根に到達した。

駄馬バス停は地形図によれば約二一五メートル、たどり着いた尾根がほぼ一〇〇〇メートル内外だから、八〇〇メートルも登ったことになる。てっぺん近くは木が疎らなので展望が利く。尾根には風力発電用の風車が二十本も並んでいて壮観だ。高さは六八メートルもあるという。やがて北側の展望が開けると、谷をはさんで向こう側に鳥形山が見えた。てっぺん付近は石灰岩が露出してまっ白で、見事なまでに平らに削られている。福岡の香春岳より大規模で「地球離れ」したダイナミックさにしばし見とれてしまった。この鳥形山の山頂はかつて標高一四五九メートルもあったのだが、

平成22年（2010）に閉校した白石小学校の木造校舎。最後の卒業生が出て４年、子供の体温がまだ残っているかのようだ

駄馬のバス停。こちらは新道側にあるので１日４往復のバスがある

駄場トンネル。集落の地名に合わせたのでバス停とは字が違う

バス停前にある「みどりの広場」。満開の桜を独占する花見客

ずっと西側の布施坂付近では耕して天に至る茶畑が圧巻

石灰岩の採掘でテーブル状に削りとられた鳥形山

昭和四十年代から延々と石灰岩の採掘が行われた結果、今はほぼ一二〇〇メートル前後のテーブルマウンテンに変貌している。左端の方では豆粒のようにしか見えないが、多くの重機が仕事をしているらしかった。

自動車のエンジンを止めて降り、新しい展望台に登ってみると、巨大な風車の三枚のプロペラがゆっくりと風を切る音、それに草がさわさわと揺れる音だけが響く。気の遠くなるような時間をかけて太平洋のまん中からここへのはるかな旅路を終え、億年単位で出来上がった地球の一部を、懸命に削り取っている豆粒のような重機群。南側の重畳たる山並みは春の靄でぼんやりと霞み、そのずっと向こうには広い土佐湾が茫洋と広がっていた。

さて、実は前の日に四万十町の大正（たいしょう）へ行った。そこの名物といえば「ダバダ火振（ひぶり）」という栗焼酎である。予土線の土佐大正駅から続く古い街並みの中にある造り酒屋・無手無冠（むてむか）が作っているもので、ロックにすると上品な栗の香りが爽やかに口の中に広がる。店にはこの珍しい焼酎の名前の由来を記した紙があった。

風の里公園のある尾根には風車が並ぶ

鳥形山の石灰岩をはるばる須崎市の海岸まで運ぶ延長23キロのベルトコンベア

> 清流四万十川の伝統的漁法で、松明の火を振りながら鮎をおいこむ「火振り漁」。山深いこの地の各所に残り、かつては村人達の集いの広場でもあった「駄場」。ダバダ火振は、この「駄場」「火振り」に因んで名付けたもので、いつも自然の恵みに感謝し、自然と調和、共存して生きてきた四万十流域の人たちの熱い心。素朴な暮らしを、伝えます。

駄場は「集いの広場」とある。なるほど。改めてバス停のあった駄場の地形を見ると、少し平坦になった谷間の地形で棚田も広がっている。村人たちは昔からここに集まって大切なことを話し合い、また楽しみの時間もここで共有したのだろうか。

海辺(うみべ)(東京都江東区)

街中にあるのはなぜ

　東京都江東区は深川区と城東区が昭和二十二年(一九四七)に合併して誕生した。区名は隅田川の東側に位置することにちなむが、深川区は明治期からの旧東京市十五区のひとつであり、城東区は昭和七年(一九三二)に南葛飾郡亀戸(かめいど)町・大島(おおじま)町・砂町を合わせて新市域に編入されたエリアである。昭和七年に東京市が発行した『大東京概観』によれば、深川区の面積は二六九万一三六九坪(八・九平方キロ)、城東区が三〇七万八五四四坪(一〇・二平方キロ)。両区を合わせて一九・一平方キロであったが、この半世紀以上で湾岸部の埋め立てが劇的に進み、現在の江東区の面積は四〇・二平方キロ(令和五年現在)と倍増している。

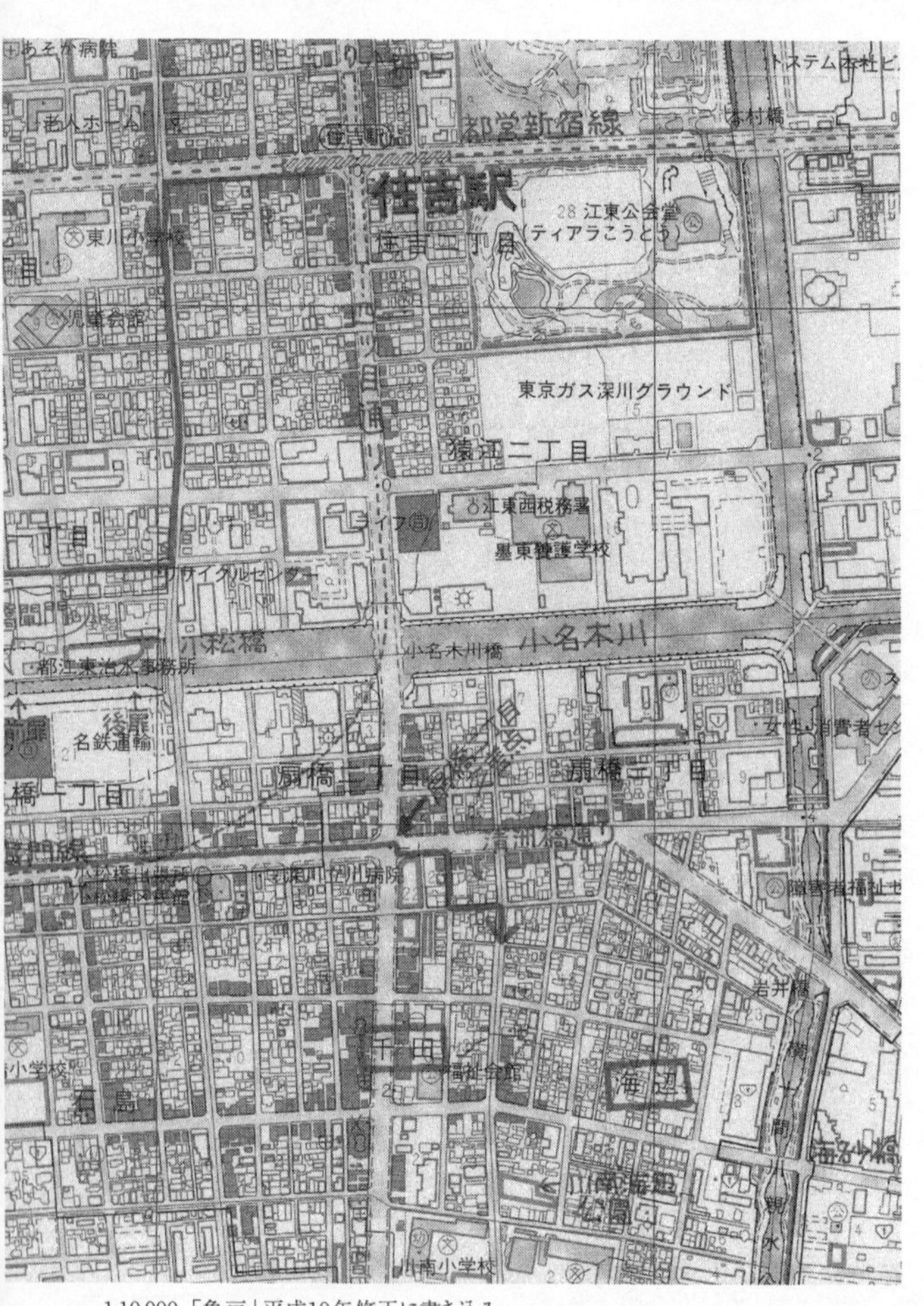

1:10,000「亀戸」平成10年修正に書き込み

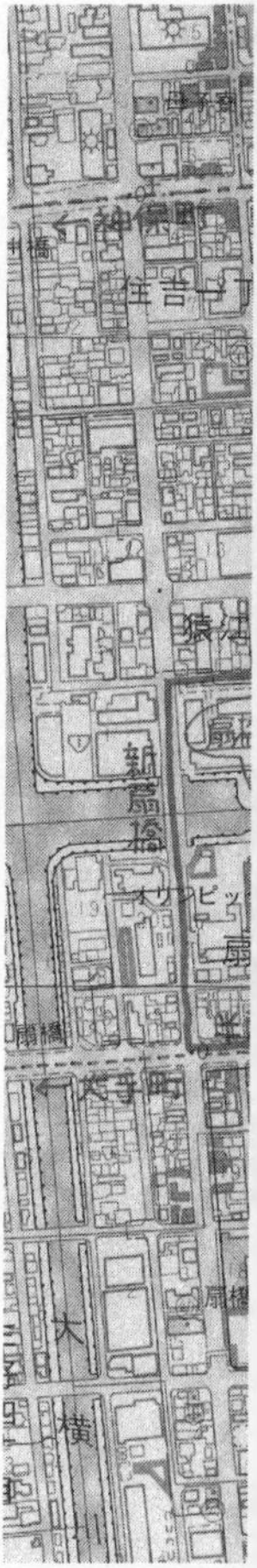

この区はかつて旧利根川（太日川）河口域にあたる低湿地だったところで、江戸時代に入ってからは盛んに新田開発が行われた。旧城東区の南部にあたる砂町はもともと砂村新田と称し、江戸初期に砂村新四郎が開発したことにちなむ新田である。明治二二年（一八八九）の町村制では南葛飾郡砂村となった。その後は東京市の近郊であったため人口が急増、大正十年（一九二一）には町制施行、その際に本来なら砂村さんの姓にちなんで砂村町とすべきところ砂町となり、さらに戦後の住居表示の実施で「町」が外されて北砂・南砂などとなっている。

この地域は明治期から中小工場が進出し、京浜などに先立って工業地帯となった。早期に工場が進出した理由は、江戸時代以来の運河が縦横に発達して原料や製品の輸送に便利だったからである。そのため区内には製糖工業（白砂糖）発祥の地、セメント工業発祥の地など、その後大発展を遂げたそれぞれの工業界の嚆矢（こうし）となったことを記念する石碑が各所に建てられている。

区の北部をまっすぐ東西に横切っている全長約四・八キロの小名木川（おなぎがわ）はそれらの運

河の代表格で、徳川家康が行徳（現市川市）の塩を江戸に運ぶための輸送路として開鑿（かいさく）させたものだ。もちろん播州赤穂や讃岐の塩が上等なのは当時も同じであったが、戦略物資としての塩の重要性が認識されていたからこそ、行徳での製塩を奨励したのである。この運河は輸送路としてだけではなく、利根川・江戸川筋の航路ともなり、各方面を結ぶ多くの船で賑わった。特に江戸から成田山詣での人は小名木川の船で行徳へ向かい、そこから陸路をたどったという。

江戸期からの重要な運河・小名木川。閘門東側の小松橋から東を望む

地図でこの運河あたりを眺めていて見つけたのが海辺という地名であった。ちょうど江東区のまん中あたりにあって、海は遠い。運河と埋立地が交錯している地域なのでどこから海なのかわかりにくいが、海岸まで少なくとも二〜三キロはある。もちろんこの地が江戸時代から埋め立てが行われてきたことは確かなので、昔は海辺だったのかもしれないが、家が密集した現状を考えてみれば、地名との「場違いさ」は際立っている。とりあえず行ってその感触を確かめてみよう。

最寄り駅は都営地下鉄新宿線・東京メトロ半蔵門線の住吉駅である。駅の出入口の傍らには「この出入口は海抜約マイナス〇・三メートル」とあって、外から入る際にはまず最初に階段を三段上ってから改めて下っていく。要するに街が水浸しになった時にもここから駅構内に水が流れ込まないための工夫である。いやでも標高の低さを意識させられる装置だ。

海辺はここから四ツ目通りを南下すれば一キロほどだ。ちなみにこの通りをまっすぐ北上すれば東京スカイツリーのある押上だから、それをビルの切れ目から遠望すれば格好の方位磁石となる。ちなみに四ツ目通りという名前は、小名木川の北側に並行する竪川に架かる江戸側から四つ目の四ツ目橋（正式名称は四之橋）を通ることにちなむという。

四ツ目通りが小名木川を渡るのが小名木川橋で、その数百メートル西側に扇橋閘門という日本では珍しい施設があるので、せっかくだから見に行くことにした。閘門は英語ではロック（lock）、フランス語ではエクルーズ（écluse）、ドイツ語ではシュロイゼ（Schleuse）と称し、ヨーロッパ各地では数多く見られる施設である。閘門は水位差のある水面を船が往来できるように前後に扉を持つ箱（閘室）を流れの中に設けたもので、ここに船を入れて前後の扉を操作することで閘室内の水位を上下させ、これにより船が「峠越え」することもできる。有名なパナマ運河がその好例だ。

閘門の西隣に位置する新扇橋から見物に行くと、ちょうど船がここを通過するところで、「前扉」と大書きされた門扉がまさに上がり、小さな動力船が出てきた。河川工事に関連する船だろうか。これと行き違うため手前で待っていたのは大学のボート部らしい手漕ぎの舟で、十人ほどの学生が乗っていた。動力船が通過すると赤信号が青に変わり、学生たちは六本のオールを水に入れて一斉に漕ぎ始めた。たまたま通りかかった時間に二艘の船が見られたということは、普段も交通はけっこう頻繁なのかもしれない。

この閘門が設けられたのは意外に新しい昭和五十一年（一九七六）である。この一帯はもともと沖積層の厚みが数十メートルに達する「江東ゼロメートル地帯」で、戦前から高度経済成長期にかけての地下水の過剰な汲み上げで地盤沈下が進み、広範囲で地盤が海面下になってしまった。水害防止のため小名木川の東側とこれに接続する横十間川と旧中川、さらに北十間川の水面を低く保つ必要から、全部で四か所に閘門と排水機場を設けて海の影響を排除した。そのひとつがこの扇橋閘門である。これにより閘門の東側の水面は大潮の干潮時の海水面（A.P.）より常時一・〇〇メートル低く（東京湾の平均海面＝T.P.ではマイナス二・一三四メートル）設定されている。

閘門を見学した後は歩いて十分ほどの海辺へ向かった。扇橋二丁目の交差点の南東側が海辺である。住居表示法による住居表示の実施が行われた地区は「丁目」を設定するのがふつうだが、昭和四十三年（一九六八）に設定された海辺は狭かったため丁目はなく、明治以来続いていた海辺町の「町」を外しただけとなった。

町に足を踏み入れても当然ながら潮の香りが漂うわけでもなく、扇橋二丁目からの街並みが繋ぎ目なしに続いているばかりだ。たまたま店頭に人の姿が見えたクリーニング屋さんで海辺の地名の由来について尋ねてみた。

「さあ、私はここの出身じゃないからねえ……」と興味もなさそうだ。こういう反応

標高がマイナスなので、出入口が少し高くなっている地下鉄住吉駅

青信号に従って扇橋閘門をこれから通過するボート

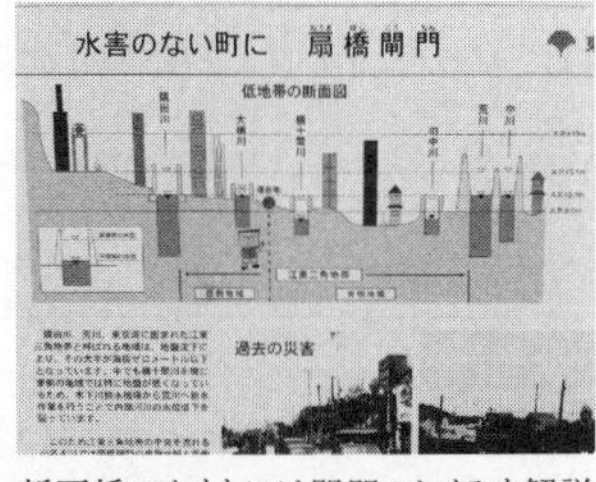

新扇橋のたもとには閘門のしくみを解説する案内板も

には慣れているが、洗濯物を出しに来たわけでもないので早々に引っ込む。それでも近くの電柱に巻かれた「ここは海辺」という看板はやはり新鮮である。ずいぶん以前だったが、名古屋市名東区の極楽という地名を訪ねたときに「ここは極楽」という看板を見て感動しながら写真を撮って、だいぶ不審な目で見られたのを思い出す。

地図を見ながら歩くのも面倒なので、ほぼ碁盤目になった海辺のエリアを縦横に歩いてみた。川南海辺公園へ入ると、ソメイヨシノがほぼ満開であった。幼児を連れたお母さん、それに手持ちぶさたなお爺さん、仕事中に一休みといった風情でコンビニおにぎりに喰らいつく背広姿など、お互い関係は持たないけれど、それぞれの「海辺の午後」を過ごしている。ふとトイレの目隠し板を見ると、そこに「深川洲崎十万坪」と題して地名の由来が次のように記されていた。なんだこんな所に書かれているとは。

千田・海辺付近一帯は、昔は海岸の干潟であったが、江戸時代に埋立てられ十万坪と称された。千田は享保八年（一七二三）に千田庄兵衛たちが開拓したところである。

「深川洲崎十万坪」は、実は消えかかった絵のタイトルで、どこかで見たことがあると思ったら広重の「名所江戸百景」の一場面であった。鷹と思われる猛禽類が上に大きく描かれ、その眼から俯瞰したダイナミックな構図だ。手前は海で、葦の茂る渚とその奥に松原と点在する家屋が描かれ、遠くには双耳峰――筑波山も見える。昔のこのあたりを物語る実に貴重な木版画なのだが、鷹以外のモノはほとんど見えないので、絵の詳細は帰宅してから「生誕二百年記念　広重の世界展」の図録（毎日新聞社編集発行、一九九六年）を改めて確認してわかった。

海辺の開発年代は書かれていないけれど、千田の方は千田さんが開いた新田だ。享

かつての運河を利用した横十間川親水公園。海砂橋は海辺と砂町を結ぶ

海砂橋の欄干にはカニをあしらったレリーフも。思えばかつてのここの住民

「ここは海辺」の電柱看板。潮風の香りは想像するばかり

保年間といえば八代将軍徳川吉宗の「享保の改革」で新田開発が奨励された時代である。武蔵野台地あたりでもこの頃には玉川上水を水利とする新田開発が相次いだ。新田開発が進む以前の千田や海辺あたりはかつて広大な干潟で、約三〇〇年前の宝永年間つまり富士山が大噴火した時代以降に、江戸市中から出る塵芥で埋め立てて「十万坪築地」と称していたそうだ。ここに限らず城東地区の低湿地は江戸のゴミ捨て場でもあり、それに運河を浚渫（しゅんせつ）した泥も加わり、それらが積み上げられたところに町場が築かれている。

付け加えれば、江戸時代のゴミはすべて土に還るものなので、現在のプラスチックとかビニール混じりの金属片といった厄介なものは一切ないから、よほど環境に優しかったに違いない。ちなみに十万坪は約三三ヘクタール（〇・三三平方キロ）、正方形にすれば約五七五メートル四方ということになる。現在の千田の町域は一〇ヘクタールに満たない程度だ。

海辺の地名は『角川日本地名大辞典』によれば「かつては海岸の茅野（かやの）・沼地であったところで、慶長年間（一五九六～一六一五）、次郎左衛門などにより開拓され、その開墾地は海浜に臨むので海辺新田と総称された。その地域は北は小名木川、東は永代新田、西は大川（隅田川）に至った。（中略）小名木川沿いは常陸・下総などからの舟着場として発展、徐々に町場化され、海辺新町あるいは海辺町と称されるようになった（以下略）」

明治四十二年（一九〇九）の一万分の一地形図によれば、現在の海辺の大半が千田町だったようで、海辺町とあるのは北東の一部分に過ぎない。家並みはそちらに偏っていて、現在の海辺の大半は水田か空き地、それに溜池のような水面が目立つ、いかにも水郷の風景だ。南側の溜池は大きく、材料置き場の記号が水面に描かれているから貯木場らしい。傍らには東洋木材防腐会社の工場も見える。海辺町には〇・八メー

海辺町会では「親睦お花見会」もあり

歌川広重「深川洲崎十万坪」

トルの標高点が記されており、千田町の東南端の運河の端が一・〇メートル。現在の二五〇〇分の一地形図（東京都発行）で確認してみると、ほとんどがマイナスに転じていて、明治の〇・八メートル地点のあたりが今はマイナス〇・四メートルだから、ほぼ一・二メートルも下がったことがわかる。多数記されている標高がプラスである地点は現在わずかに一か所、それも〇・一メートルに過ぎない。もしも堤防が切れて東京湾の平均海面まで浸水したとすれば、この十センチ地点がわずかに水面から顔を出し、満潮なら全域が海中に没する運命なのだ。一〇〇年の歳月は海辺から海岸線をずいぶん遠く引き離したが、逆に標高的には海辺は「海中」になってしまったことになる。

空を見上げたら、鷹ではなくてカラスが二羽。

青鬼（あおに）

（長野県北安曇郡白馬村）

善い鬼の伝説と棚田

白馬岳。最近はハクバと読む輩が多くて困る、とベテラン登山家たちは口を揃える。「しろうまだけ」と読みなさい、と。しかし、村の名前が昭和三十一年（一九五六）に北城村から白馬村に変わり、大糸線の駅名も後に信濃四ツ谷から白馬と改められたのだから無理もない。

そもそもは「代掻きの馬」であった。豪雪地帯なので冬にまっ白になる山の雪も、春を迎えると雪が融けて黒々とした地肌が徐々に表われてくるが、これで山腹に馬の形が浮かび上がったら田んぼの代掻きをする合図、というのが山名の由来である。だから本来なら「代馬岳」とすべきところ、国土地理院の前身である陸軍陸地測量部が

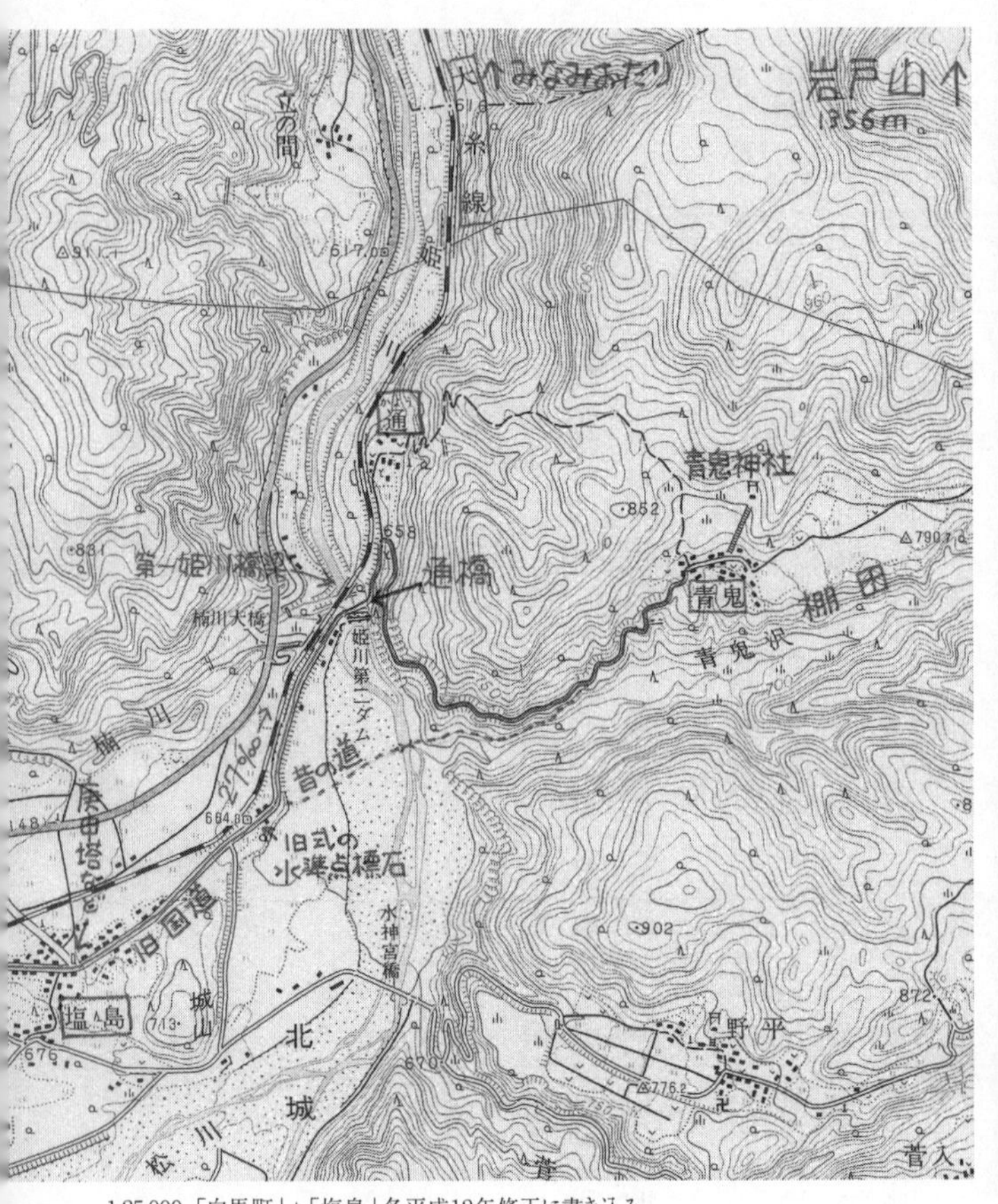

1:25,000「白馬町」+「塩島」各平成12年修正に書き込み

大正元年（一九一二）に測量した地形図に白馬岳と記入してしまった、というのが定説だ。もっとも陸地測量部が勝手に字を当てるとは考えられないので、おそらく「白馬岳」の表記も存在したのだろう。ただでさえ音読みを貴しとする昔からの風潮もあって、ハクバが優勢となるのに時間はかからなかったはずだ。

その白馬岳の連峰を仰ぐ白馬村の盆地から少し北東へ入ったところに、青鬼（あおに）という小さな集落がある。ペアでありそうな赤鬼という集落は近くにないが、山を越えた向こうにはかつて鬼無里（きなさ）村（現長野市）があった。そこには京都から流れてきた紅葉という姫君の伝説もあったので、何かそれと関連があるのだろうか。

白馬駅から大糸線なら次の駅が信濃森上（しなのもりうえ）で、そこから数キロ歩けば青鬼である。信濃森上駅は最近改築されたらしい無人駅で、箒とチリトリが待合室の壁に掛けてあったが、ゴミはひとつも落ちていない。清潔な駅を出て閑散とした駅前広場に出ると、右手に「白樺」という食堂があり、ここで昼食をとることにした。がらりと扉を開けると十二時台なのに誰もいない。

おばちゃんに話を聞くと、昔はスキー列車からのお客さんで賑わっていたのだそう

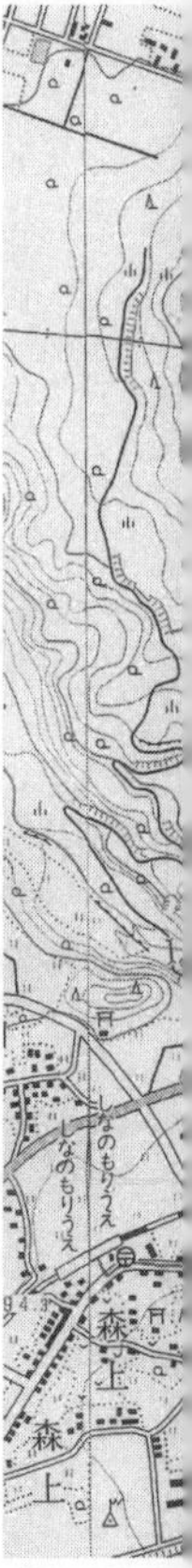

だ。新宿から夜行の一番列車が到着する朝五時頃から店を開けていたという。私自身はスキーの経験がないのだが、同級生たちはよく上野や新宿からの夜行列車を使っていたように記憶している。ところが今はスキーバスが主流で、そうでなければ雪道に自信のある自家用車組だろう。いずれもゲレンデ直行で、スキーを担いで夜汽車に乗るという発想はすでにない。スキー列車どころか、夜行列車そのものがダイヤ改正の度に激減しているのだから、スキー列車を降りた多くの若者が、未明のまっ暗な駅前食堂に満ちていたとは隔世の感がある。

後で調べてみたらこの駅の平成十九年度（二〇〇七）の一日平均乗車人数は三十一人という少なさで、たまたま手元にあった昭和五十六年度（一九八一）の資料では乗降客数は四六四人（乗車人数なら半分の二三〇人程度だろう）というから、その激減ぶりがわかる。結局この食堂にも、私が食べ終わるまで誰も入ってこなかった。

食堂の暖簾をくぐって東へ進む。この道は糸魚川街道・国道一四八号の旧道、その昔でいえば「塩の道」である。糸魚川方面の日本海で作られた塩は、姫川に沿った峡谷の細道を牛の背に付けてこの内陸部へもたらされたのだが、道の終点にあたることにちなむのが塩尻の地名とされている。森上から少し姫川に沿って下ったところに千国という集落があるが、松本藩はここに口止番所（関所）を設け、運上金を徴収していた。このことから千国街道とも呼ばれている。

駅から東側は塩島という集落で、いかにも塩の道らしい地名だ。シオは「しぼむ」に通じ、狭まったところに名付けられた地名（東京の渋谷などもこれだとする説もある）の例もあるが、谷が「しぼむ」のは少し先だから、わからない。川との間には城山という、かつて城が築かれていた小山もあるが、まさか「しろしま」からの転訛ではないだろう。

このあたりは緩斜面なので石垣に縁取られた緩い棚田になっており、振り返れば道に沿った大糸線の線路の背景には雪が融け始めた白馬連峰が見事だ。どうやら列車撮影の名所らしく、自動車の屋根にスキー用キャリアのようなものを取り付けて、その上に三脚を立てた「本気撮り」らしき二人が陣取っていた。そろそろ列車が来るようなので私も少し待って列車を撮ってみた。こちらは簡単なデジカメであるが。山が雪に輝いて逆光なので、列車と棚田が黒くなりそうだ。写真の技術はないのでオートで何コマか撮影して終わり。ついでながら、大糸線全線の中で、信濃森上から第一姫川橋梁までの間が二七パーミル（一キロ進んで二七メートルの高度差）という意外にも最大の急勾配だ。

その先は姫川を朱色に塗られたアーチ橋の通橋（かようはし）で渡る。通というのは渡った北側にある集落の名前である。すぐ目の前には大糸線の第一姫川橋梁が架かっている。目の前にある姫川第二ダムから本流の水が落ちたばかりなので、橋梁は水面から三〇メートル以上の高さがありそうだ。クラシックで優美な曲弦トラス橋なので後で調べてみたら、この橋桁はかつて羽越本線の第二最上川橋梁の一部に使われていたトラスの一連だそうで、大正元年（一九一二）製造のアメリカン・ブリッジ社製の曲弦プラットトラス（ピン結合）という形式であることがわかった。昭和二十九年（一九五四）に橋を架け替えた際に最上川からお下がりを貰い受けたらしい。架け替えた証拠に、現在の橋梁の手前にコンクリートが剝落しかけた細い丸断面の橋脚が二つ残っている。ひとしきりトラス橋を観賞してから、青鬼へ向かって歩き始めた。山の中腹にへばりつくような道路で、先が行き止まりなので自動車はほとんど来ない。橋のたもとの道路が標高六四〇メートル、青鬼のまん中が約七六〇メートルだからしばしば急坂もあるが、舗装されているので楽だ。二十分少々歩いただろうか。目の前に家が一軒見えるとすぐ周囲が開け、「小天地」という印象の集落に入った。家はいずれも大きな入母屋造りで、藁葺きにトタンがかけてあるらしいが、それが焦げ茶色で統一されているので落ち着いたたたずまいだ。青鬼は平成十二年（二〇〇〇）に文化庁による「伝統的建造物群保存地区」、いわゆる伝建地区に指定されている。典型的な山村集落で、その伝統的な姿が今も保存されているということだ。

入口を入ってすぐのところに集落の案内図があり、伝建地区の説明が記されていた。これによれば「十四戸ある茅葺屋根（現在は鉄板葺き）の民家は、江戸時代末期から近代に建てられたもの」とあり、近年の建築は母屋に限れば一棟だけというから、貴重な集落である。

たまたま通りがかったおばさんに話を聞くと、青鬼の地名は、鬼にまつわる伝説からきているという。

塩島の集落の辻に並んだ道祖神、庚申塔、それに大国さま。信州は石仏の国である

信濃森上駅から800mほど東へ行った旧国道から見た白馬連峰と大糸線の電車

青鬼はあっち、通（かよう）はこっち。通橋の手前にて

「この北側の岩戸山には岩屋があって、そこに鬼が住んでいました。でもそれがいい鬼で、村の寄り合いの当番になった貧しい夫婦が、寄り合いに使うお膳やお椀が足りないので鬼に相談に行ったら、快く貸してくれた。お善鬼様というんですが、そこのお善鬼の館でビデオを放映できるので、ご覧になれば詳しくわかるかもしれません」

と館の中まで案内してくれた。お礼を言って巨大画面のテレビの電源を入れたが、傍らの説明書にあった「メニュー」画面にならない。山里に不似合いなお笑い番組が流れるばかりだったので断念、周りを見たら青鬼を説明したパンフレットなどもある。誰もいない広間に座って静かにページを繰った。ビデオで説明されるよりこの方がいい。ここの建物で最も古いものは十九世紀初頭のものと推定されているという。

集落の端には「抜け止めのカツラ」という木があるらしいのだが、その命名が気になった。ヌケ・ヌキは地名学的には地滑り地帯に付くことが多いので、ひょっとしたらこのカツラの木がヌケ＝地すべりを止めた事実があるのだろうか。昨今の地滑り防止工事としては「地すべり抑止杭」を深く打って止める工法が用いられるが、このカツラの木が抑止杭の働きをしたのだろうか。岩戸山の西側では正徳四年（一七一四）の信州小谷地震で大規模な地滑りが発生、崩落した土砂が姫川を堰き止め、大きな湖が出現したこともあるそうだし、あり得ないことではない。

集落を抜けると東側には棚田が広がっている。「日本の棚田百選」のひとつというが、棚を形作る畔は伝統的な石積みで支えられていて、周囲に溶け込んでいる。畔に面した小屋でサイダーを売っていたので、そこのお爺さんに一本頼む。「雪どけサイダー」は一本一八〇円。栂池限定のラベルに加え、「栂池の雪どけ水で作りました」と記されている。椅子に座って棚田を眺めて飲みながら、どういうわけかお爺さんに戦争中の話を聞くことになった。

大正十五年（一九二六）の生まれというから徴兵検査された最後の年代である。め

大糸線の第一姫川橋梁は風格ある1912年アメリカン・ブリッジ社製。最上川の鉄橋のおさがり

くねくねと続く青鬼への道

青鬼の集落。家並みは江戸〜明治の藁葺きにトタンを架けたもの。左端が「お善鬼の館」

でたく甲種合格で松本の聯隊へ入営したという。本来なら甲種が先に前線へ行かされるところ、昭和二十年（一九四五）には乙種や丙種でも男であれば誰でも戦場へ、という時代。むしろ甲種は本土決戦に備えて「温存された」らしい。九十九里浜から米軍が上陸する想定で、有明（現安曇野市）の練兵場ではタコ壺に潜み、戦車の下へ爆弾を背負って飛び込む練習ばかりさせられているうちに終戦になった。

小学校はどこへ通ったのか尋ねると、青鬼には分校がなかったので、一年生の時から今の白馬町、昔の四ツ谷の本校まで四・三キロ歩いて通ったという。今の通橋を経由する道ではなく、川沿いへ降りて丸木橋で姫川を渡ったのだそうだ。今は川底に沈んでいるあたりだろう。

「雪が降ると大変で、もう学校へ行って帰るだけで大仕事。一年生の頃は先生もちゃんと配慮してくれた。よく来たなと褒めてから、小使いさん（用務員）の部屋に入れてくれた。雪で濡れた服が乾くようにね」

そう、もうひとつ聞いた話では、この青鬼は昔は行き止まりではなくて、柄山（からやま）峠を越えて鬼無里村、さらに長野の方まで通じていたという。塩の道の支線である。そんなふうにして生活必需品である貴重な塩は山村の奥の奥まで行き渡ったのであろう。すでに廃道になっているらしく、地形図で見ても道は描かれていないが、なかなか険しいルートで、荷物を運んで往来するにはきつかったに違いない。

今年米寿ですね、と言うと「もう賞味期限切れだからね、いつ逝ってもおかしくないよ」と笑っていたが、農家にとって気になるＴＰＰ（環太平洋戦略的経済連携協定）の話まで広がったから、まだまだであろう。遠くに目をやれば、白馬岳の南に連なる五龍岳（ごりゅうだけ）や唐松岳（からまつだけ）。山腹の雪が少しずつ消えてゆけば、間もなくこのあたりにも新緑の季節が巡ってくる。棚田に水が張られる頃にまた来てみたいものだ。

栂池限定!の「雪どけサイダー」を飲みながら戦争中の話を聞いた

集落の東側に広がっている昔ながらの棚田。遠くに聳えるのは五龍岳、唐松岳など

阿難祖領家・阿難祖地頭方（福井県大野市）

あどそりょうけ・あどそじとうほう

鎌倉時代の歴史そのもの

福井県を流れる九頭竜川（くずりゅうがわ）は、県の北部にあたる嶺北（れいほく）地方のほとんどを流域にもつ県内最大の川である。祖母の出身地が本流に面した農村なので、子供の頃は夏休みになると祖母の里帰りを機に訪れ、よく飽きもせず一日中その川で遊んでいた。河原から東を眺めれば、夏空のもと白山まで続く重畳たる山並みが見渡せたものである。

この川を遡ったところが大野盆地だ。私がたしか中学生の頃、個人タクシーを営ん

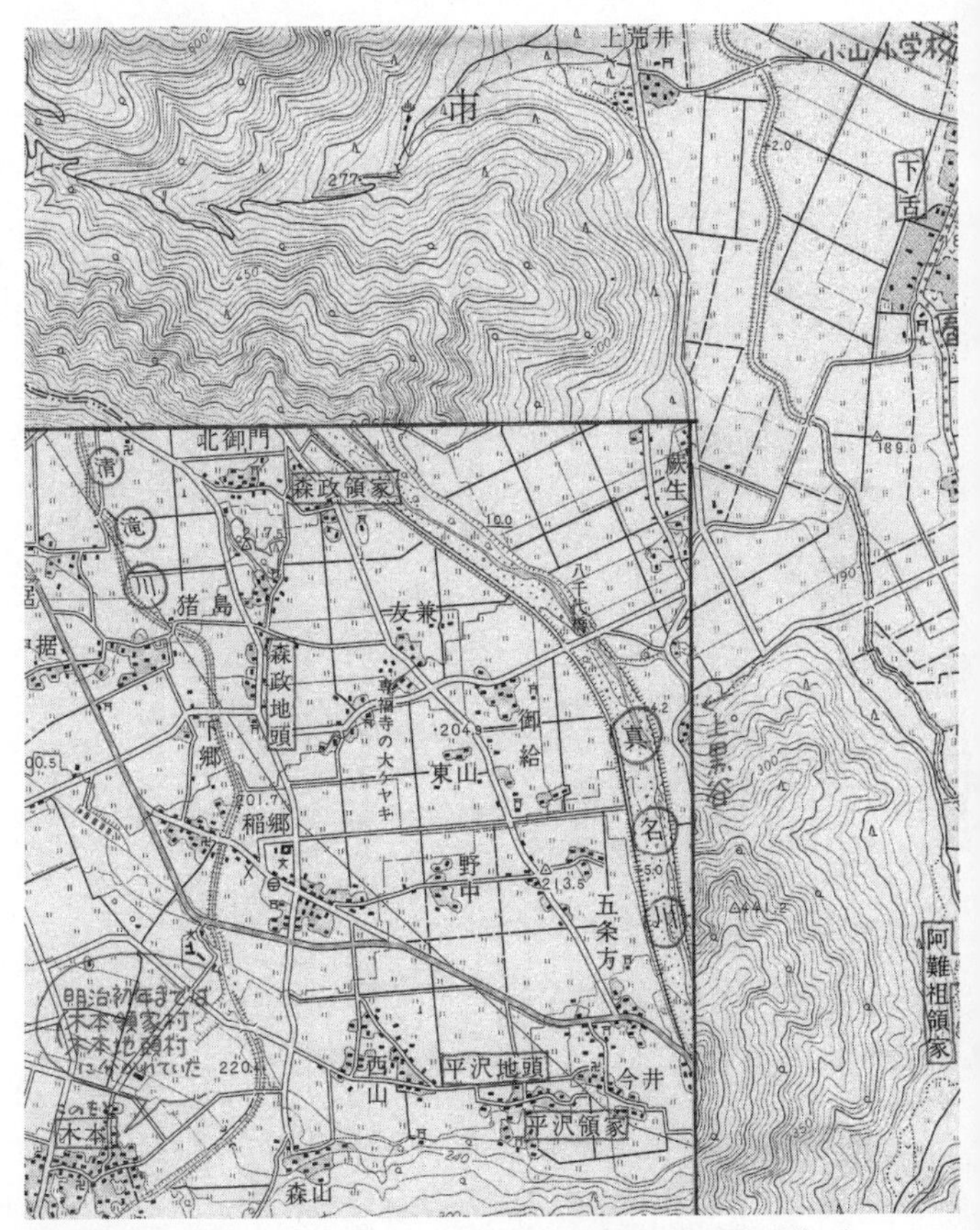

1:25,000「越前大野」平成9年部分修正および 1:50,000「荒島岳」平成4年修正（左下）にそれぞれ書き込み

でいた大叔父のヨシジさんに、私の兄弟や従弟妹などと一緒に九頭竜川の支流である真名川の上流へ連れて行ってもらったことがある。その時が大野盆地へ足を踏み入れた最初だっただろうか。ヨシジさんは兵隊時代、横須賀の海軍通信隊にいたそうで、「軍隊では楽しい思い出ばかり」と生き生きと当時の話をしてくれたものだ。空襲でどちらも実家を焼かれた私の両親などからは終戦前後の辛い話をいくつも聞いていただけに、楽しいこともあったのかと、ある意味で衝撃的だった。楽天的でよく周囲を笑わせていた大叔父だったから、苦境にあっても楽しむ知恵を身につけていた、ということなのかもしれないが。

大野盆地は金森氏の城下町である。織田信秀、信長父子に仕えた金森長近が越前一向一揆との戦いで軍功があったことにより大野の地を与えられ、九頭竜川支流の清滝川が形成した緩傾斜の扇状地に築いたのがその城下町だ。南北に等間隔にまっすぐ掘られた用水が北へ流れる当時の町割りは今もほぼそのまま続いている。

清滝川は市街の東を流れているが、その西を並行して北流しているのが赤根川で、これを遡ったところにあるのが阿難祖領家（あどそりょうけ）と阿難祖地頭方（あどそじとうほう）という隣り合った地名である。最初にこの地名を地形図で発見したときは驚いた。とにかく日本史の授業で習った鎌倉時代の「下地中分（したじちゅうぶん）」で、土地を荘園領主（領家）と地頭でまん中から分けたという話がそのまま地名になっているのだから。

周囲を見渡せば、大野盆地には他にも森政（もりまさ）領家と森政地頭、平沢領家と平沢地頭というペアが存在することがわかった。それに加えて、明治初年までは木本（このもと）領家・木本地頭という地名も存在している。あらためて全国の例をざっと調べてみると、近場では能登半島西側の富来（とぎ）に領家町と地頭町（石川県志賀町）、岡山県高梁（たかはし）市川上町、埼玉県上尾市、香川県丸亀市郡家（ぐんげ）町などにあるが（どちらか一方という例は多数ある）、これだけ狭い範囲に集中しているのはここだけだ。

さて、地頭といえば「泣く子と地頭には勝てない」という言葉に代表されるように、絶対的権力の代名詞のような存在として捉えられているが、本来は鎌倉時代における土地の管理・支配の権限を代行する役職に過ぎなかった。しかし実際に現地で徴税権や警察権を行使できることから、本来は荘園領主や国司に支払うべき年貢を私的に流用したり支払いを意図的に遅延させるなど、次第に土地を実質的に支配する力を持つようになる。そこで当局が考え出したのが、荘園領主の権利を守り、地頭の取り分も認める現実的な解決策として、土地を領主分と地頭分で折半する「下地中分」という方法である。

本州ではおおむね晴天に恵まれた今年のゴールデンウィークでただ一日だけ雨だっ

た五月五日、私は阿難祖地頭方・阿難祖領家を訪れた。ただし駅からはもちろん、バス路線からも離れたところであるため、越美北線の越前大野駅から五キロほど歩いていく。地図には「バス停」らしきものが記されていたのだが、調べてみるとこの停留場は「乗合タクシー」で、予約の電話が必要という。大野市の税金を使わせるのも申し訳ないので断念。

越前大野駅に降り立ってみると幸い霧雨程度で傘はなくても困らない。旧城下町の端にあたる横町通りから折れて南下すると糸魚町で、地形図には細長い池が描かれて「本願清水イトヨ生息地」とある（昭和九年に天然記念物指定）。ここのイトヨは海へ下らず一生を淡水中で棲息する珍しい「陸封型」だそうで、この池を作っている安定した定温の湧水がそれを可能にした。清水は北陸では一般的な「しょうず」と読み、清滝川扇状地（木本扇状地）を伏流してきた水がここで湧いている。このような湧水があるからこそ、ここに城下町の縄張りをしたのだろう。本願清水は環境省の「平成の名水百選」にも選ばれているそうで、案内板によれば、近くに本願寺派の寺があったからとも、本願寺の門徒衆が掘り広げたからとも伝えられる、とのことだ。

このあたりから南が篠座という地名で、この道に沿って鎮座する篠座神社は養老元年（七一七）の創建という延喜式神名帳にも載る、いわゆる「式内社」である。参道はまっすぐ西へ延びているが、その延長上には形の良い飯降山の山頂がぴったり重なり、春分・秋分の日に神社から仰ぐと、ちょうど山頂に日が沈むという。この大野地方は白山の麓にあたるため古来白山信仰が盛んで、白山登拝から帰った泰澄大師が大己貴命からの「お告げ」を聞いて祠を営んだのが起源と伝えられている。

広い幅の国道一五八号バイパスを渡ると右近次郎という地名。戦国時代から文献に見える古い地名というが、開墾した人物にちなむのだろうか。さらに県道を南下すると、校門に二宮金次郎の像がある小山小学校。現在では小山の地名はないが、昭和二

田植え前の田んぼの中を越前大野へ向かう。越前大宮駅付近

越美北線（九頭竜線）には大野城のラッピング車両が走る

大野市街の南にある本願清水とイトヨ生息地

十九年（一九五四）に大野市になる以前は大野郡小山村であった。村名は平安時代の荘園名にちなむという。今日は「こどもの日」であるが、雨も降っていることだし児童の姿は見えない。

学校の少し手前からは下舌（しもした）という、こちらも珍しい地名に入る。上舌（かみした）とペアになっており、平安末期には舌郷と記した文献があるそうだ。何らかの意味をもつ「シタ」の音に当て字したのか、それとも山の地形が舌状に突き出しているから、それを形容したのかもしれない。上舌を過ぎて田んぼの中をまっすぐ進むうち、左右の山が迫ってくる。いよいよ目指す阿難祖領家と阿難祖地頭方の集落が近づいてきた。相変わらず小雨は降っているけれど、雲の薄い部分から逆光が差して瓦屋根が光り、山裾の諧調ある緑とが美しいコントラストを成している。光線の具合でこれほど幻想的な集落遠望を体験できたのだから、雨の歩きも捨てたものではない。小さな森の中には「南無阿弥陀仏」と刻まれた大きな石があった。この六字名号は北陸でよく目にするもので、やはり一向一揆の土地である。

南へ向かう県道はわずかに上り坂なので、圃場整理された田んぼも緩い棚田となっており、その畔の法面には芝桜が植えられている。ちょうど今が花の見頃なので鮮やかなピンク色が敷き詰められてなかなか見事だ。これは地元の誰かが提案したのだろうか。芝桜は越美北線がトンネルを抜けて大野盆地に入った途端に車窓から各所に見えたので、ひょっとしたら大野市を挙げて取り組んでいるのかもしれない。

今はまさに田植えの最中で、小雨の中で何台かのトラクターが代掻きに忙しく稼働している。ちょうど道へ降りてきた還暦過ぎと思しきおじさんに地名の由来を聞いてみると、「これ何て読む？」と逆に聞いてくる。ルビがなければ読めません。それにしても領家と地頭方というのは珍しいですね、とたたみかけると「鎌倉時代の荘園。これを領家方と地頭方で二つに分けた」と短く答えてくれた。地元にとっては常識な

篠座神社の参道。そのまっすぐ先には飯降山の頂があり、山が神体だった頃を思わせる

領家と地頭の看板が同居する全国的にも珍しい場面。この道が両者の境界線になっている

のだろう。「ここが領家で、その道から向こうが地頭方。ちょっとわかりにくいけどね、境界線は凸凹してる。神社も寺も別々だからお祭りも別。それにしても、どこから来たの」

と来たので「祖母が福井の出身で……」という話をする。土地に縁のある人だと安心してもらえるので。そうでなければ、観光地でもない所を歩き回るなど彼らにとっては想像の埒外で怪しすぎる。富山県のある村では「あなた不審だね」と詰問されたこともあった。「近頃このあたりで何軒か空き巣に入られてね、骨董品が狙われて」と、なんだか犯人にされそうな勢いだったが、誰も鍵を掛けていないから、盗もうと思えば簡単そうだ。

ともかく、代掻きに忙しそうだったので質問は早々に切り上げる。領家と地頭方はともかく、「阿難祖」という珍しい地名のことをまったく聞かずじまいだったと少し後悔したが、この後は雨がだんだん強くなったこともあって一人も会えず。それでも集落の中をぶらぶらと歩く姿は我ながら怪しい。ここにもあった白山神社から山を越えて東へ向かう県道を少し歩くと、阿難祖地頭方の集落が俯瞰できる。麦畑も交えながら田植えを待つ田んぼがどこまでも続いていて、いかにも「日本の正しい農村風景」であった。その後は白山神社へ下りて、赤根川の上流部を渡る。領家の鎮守の森を迂回するとすぐ阿難祖領家の集落であった。こちらは芝桜がより目立つ。庭先で雨に濡れた芙蓉の花が鮮やかである。

領家・地頭の地名が集中している小山荘の一部は、開発領主で公卿の藤原成通(なりみち)とその子孫が平安時代から代々引き継いでいた。本筋とは関係ないが成通は蹴鞠(けまり)の達人だったそうで、「蹴聖」とまで崇められていたらしい。鎌倉時代に入ると荘園は奈良の興福寺浄名院に寄進されている。当時は天皇や摂関家、それに大寺社に荘園を寄進することにより、その権威を背景に年貢をスムーズに取り立てることができたのがメリ

上舌より阿難祖領家の集落を遠望する

田植えを待つ田んぼと阿難祖領家の家並み

ットだったという。

『福井県史』によれば、この地域では後に地頭の伊自良氏が擡頭してきたため、永仁五年（一二九七）に領家の興福寺浄名院との間で和与中分（和解による下地中分）が行われている。今もこの地域に集中的に残る領家・地頭の地名は、この時の下地中分によるものという。しかしその後再び領家方が地頭方の下地（土地）を違乱した（侵犯したということか）ため、嘉暦三年（一三二八）に再び和与が行われた、という。『角川日本地名大事典』によれば、「浄名院支配地以外の荘内の地名にはこうした区分がみられない」というから、やはり二度にわたって中分したことが地名の残存に影響したのだろうか。

いずれにせよ十三〜十四世紀の荘園の分割にちなむ地名が今も現役で使われているのは驚きだが、それだけ現在の住民にも中世は身近なのかもしれない。これに対して東京近郊によくある「キラキラネーム」のような新地名の土地からは、過去にご先祖様が何をやってきたのか想像するのも困難だ。もっとも私のにわか勉強では領家方と地頭方のイメージが頭の中で明確にならずもやもやしたままだが、歴史を背負う地名の大切さだけは伝わってくる。

さて、越前大野駅まで戻るなら六キロ弱。雨は本降りになってきたけれど、中世風に歩いて行くとしよう。

阿難祖地頭方の集落を、峠越えする県道から俯瞰

阿難祖領家の鎮守の森

猿供養寺

さるくようじ

（新潟県上越市）

信仰心篤い猿伝説の地

新潟県上越市板倉区猿供養寺。一度聞いたら忘れられない地名である。何か物語が伝わっている雰囲気が濃厚だ。平成十七年（二〇〇五）に大合併が行われる以前は中頸城郡板倉町で、信越本線の新井駅（妙高市）から頸南バスで三十分ほど南東に入った山の中にある。長野県境までは約六キロの位置だ。

バスターミナルに着いて時刻表を見ると、乗るはずの十二時二十四分のバスは「板倉コミュニティプラザから先はデマンド便。事前に予約が必要」と注記がある。要するに板倉までは定期バスだけれど、その先は乗客の要請があった時のみの運行だ。バスの待合室は無人で、がらんとした隣の事務所に声をかけてみると「運転手さんに直

1:25,000「新井」平成13年修正＋「猿橋」平成13年修正に書き込み

接言ってください」という。発車の間際に中学生らしき女の子が来たので乗客は私を含めて二人である。運転手さんに「山寺薬師まで」と告げて席に着く。この薬師は猿供養寺の集落を通り過ぎた先の終点で、地形図によれば見晴らしが良さそうなので、そこから降りるコースを考えた。途中で北陸新幹線の高架をくぐる。取材時は来年には金沢行きの「はくたか」がここを走るというタイミングだった。その先でもバスに乗ってくる人はおらず、女の子も板倉旧町役場（コミュニティプラザ）の少し先で降りたので、私一人のための「貸切バス」である。

中之宮という集落から山の中に入っていく。周囲の棚田は水が張られたばかりで、一部は田植えが済んでいる。行き先がわかっているからか、停留所の案内放送も流れず、バスは黙々と山を登っていく。棚田の広がる谷に農家が点在する猿供養寺の集落を過ぎ、急坂を登り詰めたところが山寺薬師の停留所であった。十二時五十九分の定刻である。降りたのはもちろん私一人で、運転手さんに帰りのバスを申し込もうとすると「十六時十三分のはデマンドではありませんから、確実に来ます」とのこと。

バス停前から標高差二〇メートルほどを石段で登った上が山寺薬師だ。杉の根に持ち上げられて少々乱れた石段をゆっくり登っていくと薬師に着いた。薬師堂の入口に掲げられた扁額の由来書によれば、白雉年間（六五〇～六五四）に阿果という僧が修験道的な山岳仏教の先達として丈六山を開創したとあって、ここに「山寺三千坊」が広がっていたという。三千坊が誇張でなければ、これは立派な宗教都市である。しかし嘉応元年（一一六九）の「濁世の争乱」で加賀白山の僧兵側に山寺が加担したとして、全山焼かれて灰燼に帰した。その後も兵火に焼かれているため記録は残っていないというが、昭和三十三年（一九五八）に行われた薬師三尊像の解体修理の際に明徳五年（一三九四）と応永二年（一三九五）の銘も発見されており、歴史の古いことは間違いない。

猿供養寺のバス停。一日７往復のうち昼間の２往復が予約により運行する「デマンド便」

山寺薬師バス停から「回送」で新井へ帰って行くバス

薬師から西へ歩くと、杉林が開けて遠くの山まで見渡せる場所があった。道端に「猿供養寺跡」という新しい標柱があって驚かされるが、やはり猿供養寺という寺がもともとあって、それに由来する地名ということなのだろうか。それ以上何も説明がなかったので、後で調べてみよう。人も車もまったく通る気配がない道端に腰を下ろし、新幹線の大宮駅で買ってきた駅弁を広げる。聞こえてくるのは風の音だけ。向かいの山並みはまだ雪を戴いており、ひときわ目立つ妙高山（二四五四メートル）と、そこから右手に不動山（一四三〇メートル）、大毛無山（おおけなしやま）などが続いている。手前の山は下の斜面に棚田が開かれているが、明らかに休耕田が目立つ。

ここからは地形図に一本の実線で示された細道を猿供養寺に向かって下りていく。だいぶ集落に近づいたあたりから現役の棚田が目立つようになり、菅笠で田植えする人の姿もちらほらと見えて、ようやく人里らしくなってきた。集落の家々は雪国特有のがっしりと大きな造りで間隔も広く、屋敷の周りに掘られた融雪用の側溝が特徴的だ。ガレージは雪国でよく見るカマボコ形のタイプである。道のすぐ脇で田植え機に乗っていたおじさんに猿供養寺の地名について尋ねてみると、「伝説があるけどあまり詳しくないんですよ。そこを曲がったところに地すべり資料館があって、たしかそこに解説が……」というので行ってみた。

　この旧板倉町を含む新潟県の上越地方は全国でも有数の地すべり地帯で、これまで各地で頻繁に地すべりが発生している。平成二十四年（二〇一二）三月にも同じ板倉区の国川（こくがわ）で大規模な地すべりが発生、大々的に報道されたのは記憶に新しい。

　上越地方はフォッサマグナ（大地溝帯）の中に位置しており、東西から押されて断層や褶曲作用が大きく働くため、岩が砕かれて地盤の緩みや風化が顕著だ。砂岩と泥岩の互層の中には帯水層があり、ひび割れた箇所から大量の雨水や雪融け水がしみ込むと地盤に浮力がかかり、時に地面はゆっくりと動き出すのである。速度は緩慢なが

かつて三千坊を誇ったという古刹の山寺薬師へ続く石段

見晴らしの良いところに立つ猿供養寺跡の碑

遠望する妙高山にはまだ雪が目立つ

らその力は強大で、道路や耕地を寸断し、ある時は集落の家々を破壊してしまう。その半面で地すべりによる「天然のこね返し」が栄養ある土壌を作り、棚田が多く作られてきた。

地すべりの被害は鉄道も例外ではない。北陸本線の糸魚川(いといがわ)〜直江津間は長らく地すべりに悩まされてきた。特に筒石駅とその前後の区間で列車ごと海岸近くまで流された昭和三十八年(一九六三)の地すべりは大規模なもので、昭和四十四年(一九六九)には複線電化工事を機に海岸線に沿った旧線を放棄し、頸城トンネル(全長一万一三五三メートル)を含む地下の多いルートに変更されている。

地すべり資料館では、地すべりを中心に洪水や土石流、崖崩れなどの土砂災害がどのような状況と場所で起こるか、それをどのように防ぐかなどが、小学生でも理解できるようにイラストを使って丁寧に説明されている。地すべりの原因となる地下水の滞留を防ぐために地下水を排出する集水井(しゅうすいせい)や、地すべりを防ぐために地中深く刺す杭などの模型、それに地すべりで埋没した木も展示されていた。

二階の展示室へ行ってみると、「猿供養寺という地名の由来」のパネルがあった。これによれば、かつて猿供養寺の集落から見渡せる五つの山頂付近に五つの寺——頂霊山華園寺、山寺山乙宝寺、丈六山猿供養寺、丈額山仏照寺、福寺山天福寺があったそうだ。これが「山寺三千坊の山寺五山」という。先ほど山寺薬師の扁額で読んだ山岳仏教道場である。平安時代に書かれた『大日本国法華経験記』には大略次のような話が収録されているという。

越後の乙寺にはひとりの僧が住み、毎日法華経を読誦していた。そこへ二猿がやって来て、樹の上から法華経を聞き、それが三か月ばかりも続いたので、僧が不思議に思って猿に「法華経を読誦したいのか」と問うた。猿は否定するので「もしや経を書写してほしいのか」と再度問うと猿は笑みを浮かべ合掌して頭を垂れたという。そこ

妙高山に続く山を遠望しながらここで弁当。手前で草が生い茂るのはかつての棚田らしい

猿供養寺の反対側にあたる久々野の集落も棚田が多い

田植えを待つばかりの猿供養寺の棚田

で「それでは私が法華経を書写してあげよう」と言うと猿たちは涙を浮かべて感謝して帰って行った。

五、六日後に数百の猿が木の皮を持って再来、僧はこれで紙を作って写経を開始した。猿は山芋や栗、柿など山で採れたものを毎日持参したという。しかし第五巻に至る頃に猿は来なくなったという。僧は心配になって山へ探しに行ってみると、二猿は数本の山芋を傍らに置いたまま土の穴に頭を突っ込んで亡くなっていた。僧は悲しみ嘆いてこの猿を丁寧に供養した。

その四十年後には二猿が人間に生まれ変わったという後日談もあり、また乙宝寺（乙寺）が同じ越後でも頸城郡ではなく三島郡（現長岡市）と伝えられているなど、いろいろと食い違いがあって靄（もや）に包まれた印象もある。それでも信心深い猿を供養した物語が平安の昔から伝わっていることは事実で、仮にその現場が当地でなかったとしても、先ほど見た「猿供養寺跡」の寺がその説話に由来するというのは自然だ。展示室のガラスケースには、この物語を再現した人形ジオラマも作られており、この地名への愛着が伝わってくる。

もうひとつ人形ジオラマがあって、こちらもやはりお坊さんの登場するものだ。ある時に旅の僧がこの村の近くで二匹の大蛇が「このあたりに大ノケ（大地すべり）を起こして池を作り、そこに住もうじゃないか」と密談しているのを聞いてしまう。僧に気付いた蛇は「聞いたな。無事に通すわけにはいかぬ」と脅すが、僧は決して他言しないことを約束して釈放され、猿供養寺へ入った。しかし地すべりに悩まされる村民を目の当たりにした僧は、地すべり対策の土木工事「四十八タタキ」を伝授、自らは人柱となって瓶をかぶって土中に入る。それ以来は地すべりがぴたりと止まったという。僧の話は地元に伝わってはいたが、昭和十二年（一九三七）に寺の裏を掘り返したところ瓶をかぶった人骨が発掘され、それが史実であることがわかった。その骨

「猿供養寺　地すべり防止区域」の看板。区域内での宅地や溜池の造成、土の採取は県知事の許可が必要だ

地すべり資料館には、猿供養寺の地名の由来を物語る人形のジオラマがある

が安置されているのが、地すべり資料館の隣に建てられた人柱供養堂である。

ここで無粋なことをあえて言い添えておくと、地名学的には「サル」の付く地名は「地すべり関連」とする説がある。町の周辺には猿又川、猿股新田などの地名もあり、猿橋（妙高市）、猿倉（糸魚川市）、猿毛（上越市柿崎区）なども同じ旧頸城郡内だ。「越後・佐渡地名を語る会」会長の長谷川勲さんは『板倉町史』で「（サル地名は）土地が崩壊、崩落、滑落する意をもつと考えられる。恐らくは去り、ずり（摺動）、ざれ（崩崖）などにかかわる語であろう。牧村猿股川も地すべり地を流れ猿又川周辺もまた名だたる地すべり地である。なお股（マタ）は行路を意識した河流であり、川の名にも川沿いの集落にも接尾語的に用いられる地名語である」と述べている。

地名の語源を突き止めるのは難しい。確定的なことは言えない場合が多いのだが、しかし地名にまつわる伝承が史実がどうかは別として、地元の人が猿供養寺の地名にまつわる「物語」を大切に今に伝えていることこそが重要なのではないだろうか。資料館では「すべりどめ」のお守りを売っている、と貼り紙があった。豪雪の時期にここまで来る根性ある受験生ならきっと受かる、かもしれない。

茄子作（大阪府枚方市）

なすづくり

本当にナスを作っていたのか

珍しい地名の連載をＪＴＢの「旅」で続けていた頃、食べ物にまつわる地名を探したことがある。徳川家康が食い逃げした話が伝わる「小豆餅（あずきもち）」（浜松市。茶店の婆さんが銭を取り立てた銭取という地名もある）、ダイコンならぬ朝鮮人参の産地である「大根島」（松江市）、実は合成地名という「蓮根（はすね）」（東京都板橋区。上蓮沼村＋根葉村）、それらをミックスしたような「サラダ」（徳島県三好市池田町）などいろいろな地名を見つけたものである。

その中で茄子（なす）のつく地名も意外に全国的に分布していることがわかった。大字レベルの地名をすべて収録している『角川日本地名大辞典』では茄子一色（なすびいっしき）（浜松市）、茄

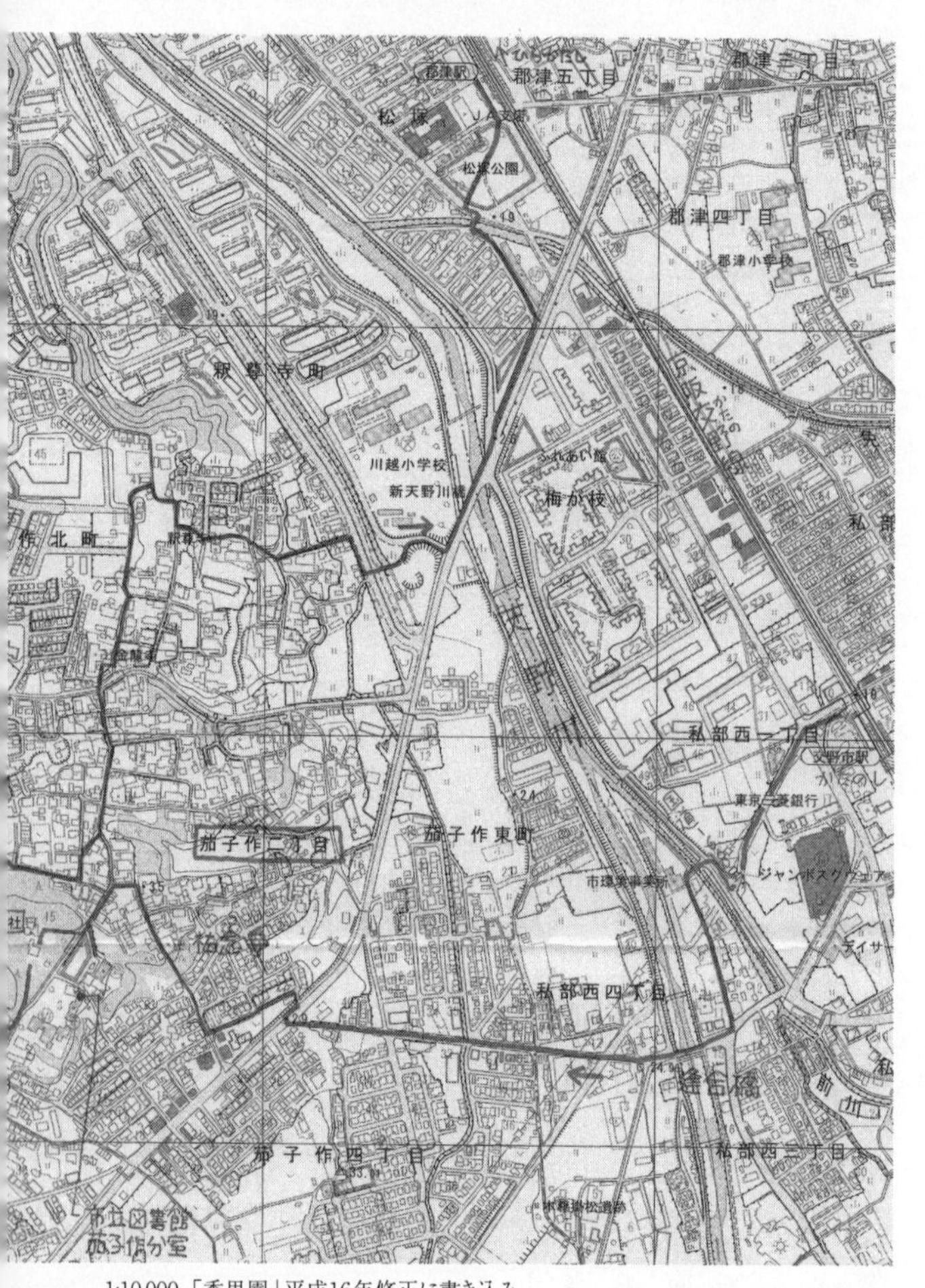

1:10,000「香里園」平成16年修正に書き込み

子川（なすかわ・岩手県奥州市、なすびがわ・岐阜県中津川市）、茄子原（奈良県五條市）、茄子島（富山県小矢部市）があった。

また国土地理院の地図閲覧サービスの検索に引っかかる小字レベルの一部も加えれば、茄子沢（岩手県一関市）、茄子焼山（岩手県滝沢市）、茄子川（宮城県石巻市）、茄子内（福島県須賀川市）、茄子小田（同相馬市）、茄子石（同二本松市）、茄子坂（同小野町）、茄子田（奈良県吉野町・鹿児島市）がある。小字では福島以北が目立つのはどんな理由であろうか。東北地方ならアイヌ語関連も考えられるけれど、知里真志保博士の『地名アイヌ語小辞典』（北海道出版企画センター、一九五六）を引いてみても nas のつく見出し語はなく、nis で空、nisey で（川沿いの）崖あたりが近そうだが、関連があるかどうか判断する見識など持ち合わせていない。

地形的な共通点があるのか地形図で確認してみたけれど、いずれも川が流れていることが多い、という程度しかわからない。「茄子の名産地だった」といった由来説話がいくつかに共通しているけれど、これは茄子の漢字に引きずられた、よくあるパターンだろう。とにかく行ってみて考えよう。

大阪府枚方市の茄子作は、京阪交野線の走る天野川（淀川水系）沖積地の西側の丘陵地に位置している。大阪と京都に用事があったので、それにスケジュールを合わせてここへ行ってみることにした。事前に『角川』を調べてみると、「古くから茄子の名産地であったためともいうが（旧枚方市史）、不詳」とある。

茄子作へは京阪電車の枚方市駅から交野線に乗り換えて九分、交野市駅で降りて歩く。駅の所在地は交野市私部であるが、私部は由緒ある地名で、古くは「きさいべ」と発音していた通り、后部が音便化したもので、皇后領であったことにちなむ。天野川の下流方、やはり枚方市内には禁野という地名があるが、これも古代の朝廷の狩場にちなむという。キンヤと音読みにはなっているが、本来は「しめの」ではないだろうか。この場合のシメとは、注連縄のように縄を張って特別なエリアを区別することであり、高校の古文の授業で習った額田王の歌「茜さす紫野行き標野行き野守は見ずや君が袖振る」を思い出す。こんな地名が各地にいくらでもあるのが、さすが畿内である。

交野市駅から西へ向かえば、ほどなく磐船街道こと国道一六八号に突き当たる。この道は枚方から南下、生駒を経て大和盆地を南下、紀伊半島を縦断して新宮まで続く長い国道だ。実は京阪交野線はもともと京阪の路線ではなく、信貴生駒電鉄の「飛び地」のような路線で、本来はこの道沿いに生駒へ行って本体（現在の近鉄生駒線・生駒〜王寺）と直通するはずだったが果たせなかった。

逢合橋（あいあいばし）で天野川を渡る。橋のたもとには「逢合橋の七夕万葉歌碑」の札があって、読み人知らずの歌が掲げられている。原文は「牽牛　与織女　今夜相　天漢門尓　浪立勿謹」、その傍らに読み下し本文が「彦星と　織女（たなばたつめ）と　今夜（こよひ）逢ふ　天の川門（かはと）に　波立つなゆめ」と続く。天野川のこの逢合橋が伝説の地なのだという。

川を渡って枚方市に入ればほどなく茄子作である。バスの通る府道を渡って北へ向

茄子作４丁目の交差点

七夕の舞台とされる逢合橋より天野川の下流方を望む

かい、茄子作二丁目と四丁目の境界にあたる竹藪の坂道を上った。立派な本瓦葺きの家が目立つようになってきたから、このあたりが古くからの集落なのだろう。祐念寺を過ぎた細道で、小車を押すお婆さんに地名の由来をうかがってみると、「惟喬親王がここに見えたときに茄子を献上した、という話を聞いたことがあります」という。詳しいことは春日神社の近くの図書館へ行けばわかるかもしれない、という。

さっそく春日神社に参拝すると、「茄子作春日神社」の新しいパネルが拝殿に立てかけてあり、「なすひめ&なすのすけ」という紫と青のナス・カップルの絵が大きく描かれていた。イラストは本職に頼んだものらしく、地名への愛着が伝わってくる。すぐ近くには「新鮮野菜直販・地産地消推進　茄子作ふれあい市場」と看板を掲げた建物もあった。決まった日には地元産の野菜が並ぶのだろう。しかしこんな地元農業の活性化策もTPP（環太平洋戦略的経済連携協定）を正式に結んでしまえば、多国籍企業から「自由競争を阻害する」として訴えられかねない。彼らにとって「なすひめ&なすのすけ」が耕す小さな畑は、許し難い参入障壁なのだから。

「枚方市立としょかん茄子作分室」はすぐ隣にあった。しかし残念ながら週四回の開館で本日はお休みである。今日中に東京へ戻らねばならないので、まずは集落をひと回りしてみようと、ゆっくり歩きながら立派なお屋敷を写真に撮っていると、リタイア後とお見受けする男性が犬の散歩に通りがかった。

さっそく茄子作の地名について尋ねてみると、詳しいことは知らないという。その代わりに屋敷の特徴について教えてくれた。このあたりの伝統的な家は瓦葺きの屋根の一部が、囲炉裏の煙出しの部分だけ持ち上がっていること、築地塀（ついじべい）に載せてある瓦の断面に模様がある瓦は地元で焼いた瓦で、最近では瓦を焼く業者がなくなったので、新しく葺き替えたものには模様がないこと、模様ではなくて名字が入っている瓦がさりげなく混じっていることなどを教えてくれた。

茄子作の鎮守・春日神社

春日神社には「なすひめ&なすのすけ」のキャラクター看板が

お礼を告げてまたひと回りしてくると、彼が知り合いの女性二人と井戸端会議中である。その女性のうち一人が、「茄子作の地名にはいろいろな説があるようですが、鷹狩りの鷹に付ける鈴に由来する、という説が一番気に入っています」と話してくれた。

この鈴を「名鈴（なすず）」と呼び、それを作る「名鈴作り」が転じたのだという。その説を教えてくれたのが尾縄伊孝（おなわただよし）さんという郷土史家で、茄子作自治会の広報部長と茄子作・高田歴史倶楽部の事務局長もつとめておられる。

帰宅して数日後にお電話すると、地名は古いのではっきりしませんが、三つの説があると快く答えて下さった。ご丁寧に後ほどファクスもいただいた。その説は大略次の通り。

①「茄子」にちなむもの。茄子の名産地という説があるがはっきりしない（『枚方市史』昭和二十六年版）。これが『角川』に記されている市史だろう。ついでながら『五畿内志』には交野郡の土産として当村の茄子が挙げられているという。また『茄子作村史』には、桓武天皇が交野北郊に行幸した際に茄子を献上したことにより茄子作の名を賜ったという説が紹介されている。

②「天野川の洲」にちなむもの。北畠治房（幕末の勤皇家・明治期の司法官）によれ

ば神武天皇が今の茄子作あたりに上陸された際、この地名を「灘洲佃(なだすつくだ)」とした、という説もある。これは「いささか牽強付会」ではあるが、天野川の流域に沿った灘洲地(氾濫原か)を耕して主たる穀物を収穫したので「灘洲作(なすつくり)→なすくり)」、または灘主(な・すぐり。村主＝すぐり。渡来人における集団の長にちなむ)と名付けたという説が『茄子作村史』には紹介されているという。

③「鷹の鈴」にちなむもの。茄子作で会った女性がお気に入りという説だ。平安時代に惟喬親王が狩猟の鷹に付ける名鈴を作らせた村が「名鈴作村」で、それが転訛し

古くからの茄子作の集落は落ち着いたたたずまい

旧家に残る特徴的な煙出しの屋根

藁葺きと瓦葺が混在する立派な母屋をもつ旧家。スケッチに訪れる人も多い

小口に唐草模様をあしらった茄子作の伝統的な瓦（まん中の丸い巴瓦ではなく、その右側の平らな部分の長方形のくぼみ）

茄子作にある茄子の畑。収穫はもう少し先のようだ

帰りは京阪交野線の郡津駅から。郡津は古い郡衙（古代の郡の役所）にちなむという

たという説。

地元の人は必ずしも「なすづくり」とは発音しない、という話もうかがった。住民の発音には三通りあって、古くからの人は「なすくり」（「す」は関東風なsではなくsu）、次に「なしづくり」と言うことが多く、「なすづくり」と発音するのは主に新住民なのだそうだ。公式にはもちろん「なすづくり」なのだが、これは漢字に引きずられたものだろう。私の住んでいる東京都日野市でも、程久保（ほどくぼ）の地名を古くからの住人は「ほとくぼ」と清音で呼ぶのだが、これも漢字に影響されて濁音が「正式」な読

み方となった。

江戸時代に貝原益軒が著した『南遊紀行』には「梨作村」とあるそうで、また同じく江戸期の河内(かわち)相撲の番付表にも、力士の出身地に梨作村の名が見えるという。尾縄さんは「なすくり」というのが原形と推理しておられるようで、元は渡来人がもたらした言葉かもしれません、とのことだった。地名は専門でないのでわかりません、と謙遜しながらも、見識の高いアプローチである。

帰宅してから戦前の地形図「枚方」を確認してみたら、なんと茄子作の地名にはわざわざ「ナシヅクリ」とルビが振ってあった。

浮気(ふけ)(滋賀県守山市)

現代語で解釈しないでください

浮気町。この滋賀県守山市にある地名は、知る人ぞ知る存在である。以前にこの連載で上尾市瓦葺(かわらぶき)の地名の由来を調べる段階でこの浮気町(ふけちょう)に言及したが、瓦葺のフキと同種の低湿地に由来する「フケ地名」である。カタカナで書くと頭皮由来のモノを連想して印象が良くないが、日本の地名学では表記されている漢字よりも音を重視するので、これは仕方がない。フケ地名に使われている文字は実にバラエティに富んでいて、浮気の他には次のようなものがある。

布気(ふけ)(三重県亀山市)、福家(ふけ)(香川県高松市)、小向(おぶけ)(三重県朝日町)、土深(どぶけ)(新潟県五泉市)、小浮(こぶけ)(千葉県成田市)などいずれも比較的大きな川に面した土地である。

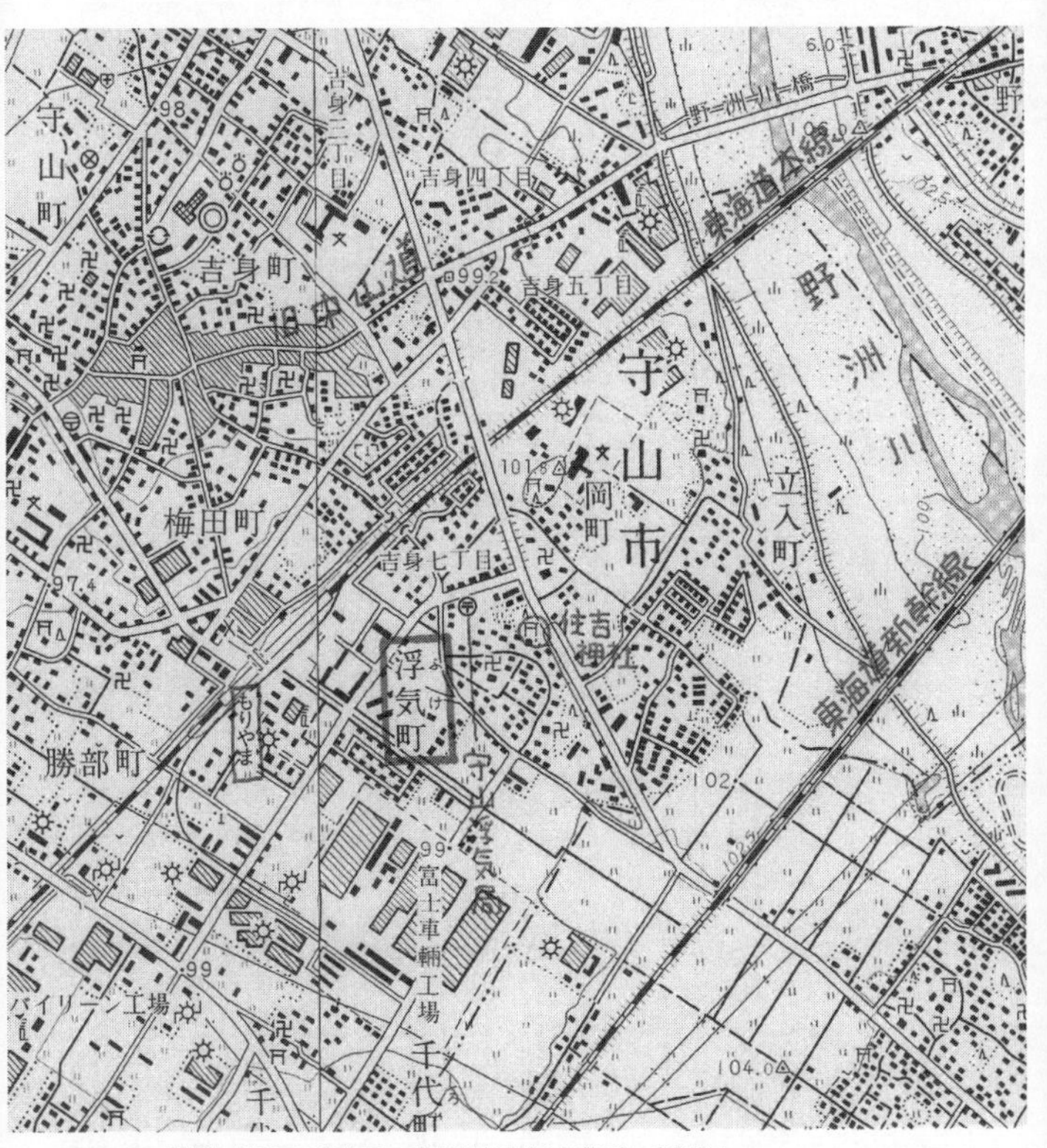

1:25,000「草津」昭和61年修正＋「野洲」平成8年修正に書き込み

ハリヨの町・浮気をアピールするJR守山駅前の看板

「小さな浮気」のようで洒落ているのは茨城県取手市の小浮気（こぶけ）があるが、こちらもやはり小貝（こかい）川下流と利根川にはさまれた低地で、フケ地名の立地としては典型的だ。京都市左京区の修学院西沮沢町（にしふけちょう）は沮沢の二字でフケと読む難読地名ではあるが、沮の字は「湿った土地」を指すのでぴったりの文字遣いだ。珍しい字では京都市西京区の桂川に面した牛ケ瀬新田泓（うしがせしんでんぶけ）がある。泓は「水が深い」という意味だ。やはり京都周辺には漢字に通じた人が多かったのだろう。ついでながら古語辞典で「ふけた（深田）」を引いてみると、「どろ深い田。＝ふかた」と載っている。フケは普通名詞だったようである。

浮気町は東海道本線守山駅前に位置しており、首都圏から守山市へ向かうには、京都まで「のぞみ」で行って戻るのが早い。京都駅から新快速の長浜行きに乗ればわずか二四分の近さなので、沿線には新しくできたマンションが目立つ。守山といえば中山道六十九次の江戸から数えて六十七番目の宿場町であるが、降りてみた印象は典型的な近郊都市の駅である。

中山道の宿場は西口だが、浮気町は反対の東口。東京近郊にもよくある橋上駅舎からエレベータで駅前広場へ降りてみると、ロータリーのまん中で手作りの看板が出迎えてくれた。大きな一枚板には「ハリヨとふれあいの町　浮気　ふけ」の大きな文字が躍り、土地を愛する思いが伝わってくる。

ハリヨは「針魚」と書く。魚は古語でイヲだから、ハリ・イヲが転訛したものだろう。トゲウオ目トゲウオ科の淡水魚で、現在では滋賀県北東部と、隣の岐阜県大垣市の一部の湧水のある所だけに限定的に生息する絶滅危惧種（水産庁レッドデータブック）という。

水質の良い湧水とその周辺の、水草のある摂氏十五度前後（許容範囲はわずか三度程度）の小河川だけに生息することから、特に戦後になってから河川改修が急速に進んだことで生息域は大幅に狭められてしまった。六センチほどの小ささながら肉食で、水生昆虫などを餌としているため、それら微細な昆虫が生息できるデリケートな環境が保全されているところでないと両者とも生き延びられないのである。

駅前には「グランドメゾン守山」というマンションが見えるが、町の境界が入った詳しい市街地図によれば、このマンションから向こう側が浮気町である。どこから歩いてもいいのだが、まずは守山浮気郵便局の方へ向かった。交通量の多い道を北東へ向かうと、間もなく浮気町交差点にさしかかる。やはり字面が字面であるから、強い印象にならざるを得ない。「浮気町」の標識を写真に撮るなんて、わざわざ東京から興味本位でやって来たと思われないだろうかと心配になるが、実際に興味本位なのだから仕方がない。通り過ぎる住民の方が表情を曇らせなければいいのだが、などと考えながら何回もシャッターを切った。Fukecho とローマ字が入っていなければ「うわきまち」と読まれるに違いない。

交差点の傍らには守山市上下水道事務所が設置した「浮気マンホールポンプ」という四角い箱があった。何の目的で使うのかはわからないが、湧水の多い土地だけにマンホールに溜まった水を汲み上げるのだろうか。マントを身につけた「浮気マン」が飛び回って各戸を巡回する光景を想像してしまったのは、やはり邪念の賜物であろう。申し訳ない。

日曜日なので閉まっている守山浮気郵便局を通過、その先の角を右折したら浮気保育園の向かいに浮気自治会館というのがあった。建物の傍らには「浮気自治会」と印刷されたフラワーポット様のものが重ねて積まれている。積み重なる「浮気」にやはり思わずカメラを向けてしまった。「浮気を自治」する意外性には、はっとさせられる。

カメラをしまった後に通りがかった七十代と見られる男性に「珍しい地名ですよね」と話を向けてみると、別にニコリともニヤリともせず、こんな風に答えてくれた。

「詳しくは知りませんが、フケというのは水の豊かな所、という意味だそうです。おそらく漢字が入ってくる前から言っていたのを、たまたま浮気の字を当てたんでしょう。でも詳しいことは図書館とか駅前にある観光案内所あたりで聞いてもらったらよろしいと思います」

地名学の素養がある人である。フケがもともと字のない場所で呼ばれていて、それに後世になって当て字が行われたというプロセスをきちんと想像している。土地の豪族の誰とかさんが浮気しはって……のような怪しげな伝説を期待していなかったといえば嘘になるが、この住民と思われるおじさんの冷静な説を聞いて嬉しくなった。

ついに来ました。浮気町交差点

ところで、浮気というのがいつからウワキの意味で使われるようになったのだろうか。『新明解古語辞典』（第二版、三省堂）によれば、浮気（うはき）は「①うわついた気持ち。②はで。陽気。③妻や恋人以外の女性に心を寄せること。多情。移り気」とある。③が男にしか適用されないのは不思議だが、それはともかく少なくともこの土地に「浮気」の地名が付いた時点ではそんな意味はなかったに違いない（浮気から浮気町になったのは昭和四十五年）。

駅前のマンションも浮気町ではあるが、昔からの集落に入っていくと用水を繞（めぐ）らせた佇まいが印象的である。流れる水は澄んでいて、ハリヨかどうかは素人の私には区別がつかないが、たくさんの小さな魚がすいすいと泳いでいる。用水沿いには紫色のハナショウブがきれいに植えられていて、まさに見頃であった。ところどころツツジがアクセントを添えている。

旧集落のまん中あたりに、次のような「浮気」についての解説札が掲げられ、地名の由来もちゃんと記されていた。

よみがえる「浮気（ふけ）」
水郷の里

この地は古来より益須川の伏流水が多く泉を湧かせて水清く森茂る豊かな自然の地であった。村中池より湧き出て地下水は浮気の里中をくまなく巡り、秋から冬の間は水蒸気が朝日に映え紫気が雲間に漂うさまを、「紫気天に浮かびて雲間に動かず」の詩より浮気(ふけ)と名付けられたと聞く。

本事業は、本郷地区里中川を中心とした、六〇〇米の区間に村中池から伏流水をポンプアップし、昔の浮気の清流を甦えらせるとともに花の植え付け、鯉の放流、或は源氏螢等の自然発生の環境をつくり、又これに加えて水車の設置等によって住民のだれもが何時でもくつろげることの出来る「ふれあいの場」を作ることを目的に県、市、区民の協力を得て完成した。

守山浮気郵便局は休日で閉まっていました

謎の機械「浮気マンホールポンプ」

度重なる、いや積み重なった浮気の迫力

平成二年七月　　浮気自治会

交差点に佇んでいた「浮気マン」の正体がここで判明した。目に見えないところで黙々と伏流水をポンプアップして、ハリヨが棲息できる環境を守っていたのである。誤解して悪かった。水蒸気が朝日に映えるところなど、次回早朝に訪れて眺めてみたいものであるが、「よみがえる」ということは、一時は水量が減って水質も悪化する危機的な状況もあったのだろうか。

ネットで検索してみると、平成十九年（二〇〇七）五月二十一日付の『京都新聞』には「ハリヨ復活〝三度目の正直〟守山・浮気町の里中川」と題して、その経緯に触れていた。これによれば浮気町を流れる里中川には戦前までハリヨは数多く見られたが、戦後の工場の進出や河川改修で湧水が枯れて絶滅したという。住民が「ハリヨの里」の復活を目指して平成二年（一九九〇）に保存会が結成され、同四年には県内米原町（現米原市）の醒ヶ井（さめがい）からハリヨ五十匹を譲り受けて放流したという。醒ヶ井は中山道六十一番目の宿場で、きれいな水の湧く里として知られている。一時はほとんど姿を消したこともあったというが、この時点で「三度目の正直」だったようだ。今ではは定着しているという。「2ちゃんねる」には「三度目の浮気」などと揶揄されていたが、気にすることはない。

いずれにせよ、浮気を愛する住民による「地名のように美しい町」に変えていこうとする意志の力が、この風格ある街並みに結実したのである。浮気自治会館に積み重ねられたフラワーポットも、ハナショウブを植えるためのものであったのだろう。

最初に「フケは低湿地の地名」などと簡単にくくってしまったけれど、「紫気天に浮かびて雲間に動かず」といった美しい表現を目の当たりにすると、自らの語彙力の

ハナショウブに彩られた水路には、小さな魚がすいすいと泳ぐ

ツツジも見頃でした。街並みに対する住民の気持ちが伝わってくる

田植えの終わった田んぼ。フケ地名ならではの風景

浮気町の東端に位置する住吉神社

貧弱さに赤面してしまう。考えてみれば、古来人間はきれいな水が豊富に得られるところに好んで住んだはずである。東日本大震災以来、とかく注目されがちな「浸水しやすい」という特性は、たまに顕在化する土地の一側面に過ぎず、水に浸かりさえしなければ、どんな土地でもいいというわけでもあるまい。ハリヨに教えられるまでもなく、二〇〇年に一度の津波に耐える刑務所の壁のような防潮堤を作る前に、適度に潤いをもった場所に、ふんわりと住み続ける柔軟な工夫、といったものが必要なのではないだろうか。

談合坂（だんごうざか）（山梨県上野原市）

戦国武将の談合があったか

中央自動車道が山梨県内に入って間もなく、東京から運転しているとそろそろ休憩でもしようか、というタイミングで現われるのが談合坂（だんごうざか）サービスエリアである。中央道を使い慣れた人にはすっかり馴染んでしまっており、この地名の珍しさを気に留める人はあまりいない。中央道に縁がなくても「談合坂サービスエリアを先頭に二〇キロの渋滞」といった交通情報は耳にしているはずだ。かく言う私も地名の連載を始めてから、自宅から都心へ行くより近いこの地名に気がつかなかったほどである。

改めてサービスエリアの名前を観察してみると、自治体や有名な山河などの名称を採用することが多い。中央道の他のサービスエリアやパーキングエリアを見ても、双

1:25,000「上野原」平成6年修正に書き込み

葉（旧自治体名）、八ヶ岳（山名）、諏訪湖（湖名）、辰野（自治体名）などがある。

談合坂サービスエリアが上野原町（現上野原市）の大野という大字にできた（その後下り専用が野田尻に新設）のは、上野原インターが平成元年（一九八九）に新設され

談合坂へ直通する忍野・山中湖行きバス。中央道日野バス停にて

談合坂サービスエリアに隣接している中央道野田尻バス停

最近「EXPASA 談合坂」になりました。おなじみのサービスエリア

る二十年も前なので、「上野原サービスエリア」でも問題なかったはずだ。それでも上野原や大野などより、談合坂という地名ははるかにインパクトが強くて、一度聞いたら忘れられない。

談合坂へは高速バスが頻繁に通じているので、自宅から歩いても行ける中央道日野バス停から富士五湖や甲府方面行きに乗って三十二分、中央道野田尻バス停で降りる。野田尻と聞いてもピンと来ない人が大半かもしれないが、かつては甲州街道（甲州道中）の宿場であった。この街道は現在の国道二〇号におおむね沿ったルートで、江戸の日本橋から新宿、下高井戸、上高井戸、国領、下布田・上布田、下石原・上石原、府中、日野、八王子（横山）、駒木野、小仏（八王子〜小仏は八王子市内）、小原、与瀬、吉野、関野（以上神奈川県相模原市）、上野原、鶴川、野田尻、犬目（以上山梨県上野原市）、下鳥沢、上鳥沢、猿橋、駒橋、大月、下花咲、上花咲、下初狩、中初狩、白野、阿弥陀海道、黒野田（以上大月市）……と続き、甲府を経て下諏訪で中山道に合流する。東海道に比べて宿駅間の距離がだいぶ短いのは、それぞれの集落の規模が小さく、複数の宿が半月ごと、または数日ごと、場合によっては上り下りで宿場の仕事を分担したためである。

家を出たのが遅かったので、何度も立ち寄ったことのあるこのサービスエリアで昼食にした。高速道路案内のカウンターがあったので、試しに係の女性に談合坂の由来を尋ねたところ、何度も聞かれたことがあるらしく、慣れた手つきでファイルをめくり、由来が記された紙一枚を渡してくれる。地名を訪ねて来た身には少々拍子抜けだが、そこには四つの説が大略次のように記されていた。

①近隣地区の寄合い場所として、この付近で話合いが行われた。
談合坂を中心にして、上に荻野・矢坪・犬目・恋塚の地区が、下に日向・花坂・大野・南米沢（なめざわ）・斧窪（おのくぼ）などの地区があり、この地区が中心であったことから、地区を代表する長老たちが上納米等について話し合った。

②古戦場であったという説。
享禄三年（一五三〇）に北条氏綱と家臣小山田越中とが戦い、甲州勢が大敗した（矢坪の合戦）。双方の軍使が戦いの駆け引きや和議調停などさまざまな交渉をしたであろうことから。

③武田信玄の娘が嫁ぐ時、婚儀の約束事を行った。
政略結婚であるため、さまざまな条件提示が行われ、ここで話し合いが重ねられた。

④昔話・桃太郎の説。

付近には鳥沢（キジ）、猿橋（サル）、犬目（イヌ）という地名が揃っていることから、これらの動物が家来になる約束としてダンゴをもらったので団子坂→談合坂。

地名の成立について関心のある向きにとっては、いずれもマユツバかもしれないが、私としてもそれを否定する材料を持っているわけでもないので、ひねくれないで素直に受け入れることにしよう。

中央道野田尻の停留所を降り、上り車線をくぐるとすぐ野田尻の宿場であるが、なるほど「宿場町」としては規模が小さい。西を向いて正面に見えるのは、扇山の手前に連なる無名峰である。宿場のまん中あたりに掲げられていた案内板によれば、野田尻宿は明治二十四年（一八九一）に甲州街道がずっと南を流れる桂川沿いに付け替えられて衰退したという。これに加えて中央本線（当時は中央東線）が明治三十四〜三十六年にかけて甲府まで開通したことにより、交通集落としての使命は終わった。全国各地の宿場がたどったのと同じ経緯である。宿場ができたのは正徳三年（一七一三）のことで、幕末の天保十四年（一八四三）の記録では本陣・脇本陣がそれぞれ一軒、旅籠（はたご）は九軒のみ。宿内の家数は一一八であったという。東海道の宿場が小さくても旅籠が二十軒を割ることがなかったのに比べるとだいぶ小さい。宿場の西に駐在所と簡易郵便局が並んでいるところに、かろうじてこの小集落の由来を感じさせる。ここから隣の犬目宿までは一里を切る三十一町（約三・四キロメートル）というので、談合坂の集落にちょっと寄り道してから、その犬目を目指すことにした。

宿場を外れると上り坂で、中央道をくぐって東側を眺めると、向こうの山のてっぺんに不思議な「山上住宅地」が見えた。これが中央本線四方津（しおつ）駅から斜行エレベータで通じている「コモアしおつ」である。右手には地形図の通り校舎が見えて、正門の方へ回ると甲東小学校と新しいプレートが掲げられているものの、平日にもかかわら

甲州街道の野田尻宿。宿場の雰囲気が今も残る

丸ポストが残る野田尻簡易郵便局

ず人の気配がない。後で調べてみたらこの小学校は平成二十三年（二〇一一）三月末に閉校になったそうだ。甲東小学校はその一年前まで野田尻宿の北側にあったのを、ひと足先に閉校した平和中学校の校舎に移転したのだそうで、プレートが新しい理由はそのためだ。ちなみに甲東とは昭和三十年（一九五五）までの旧村名である。少子化に伴って小中学校とも統廃合の勢いは急速で、上野原市内では平成二十三・二十四年の二年間で小学校七校（うち一校は分校）および中学校五校が閉校となった。市内には現在小学校五校、中学校三校なので、ごく短期間で半減以下になったことになる。

しばらく西へ向かうと「荻野一里塚跡」の案内板。塚は跡形もなく、道も拡張されているので旧道の面影はない。江戸から数えて二十番目、つまり二十里（約七八キロメートル）のポイントである。荻野の集落を抜けると、旧甲州街道は中央道を跨いで西へ向かうが、談合坂の集落へは高速に沿って南西へ下っていく。このあたりは標高ちょうど四〇〇メートルで南東側の展望が利く。山また山の、まさに峡（かい）（＝甲斐）の国を実感する風景だ。

談合坂の集落はサービスエリアの南側をたどる側道から、「談合坂」の道標に従って南へ折れる。坂道を下り始めると家々が見えてきた。普通自動車がやっと通れるほどの坂道である。ちょうど家で庭木の剪定をしていたおばさんに聞いてみた。

「いろいろ説があるようです。団子説というのも、あり得ない話ではありませんよ。ここで毎年やっているドンド焼きの団子はとっても大きいんです。それこそお饅頭ぐらいにね。私がここへ嫁いできたとき、何も知らずに団子を作ったんだけど、私のがいちばん小さかった。ここのドンド焼きは今でも手をかけて立派にやっていますよ」

談合坂の団子はそんなに大きいのか……。そういえば東京にも文京区千駄木に団子坂という坂道がある。かつては千駄木坂の通称であったそうで、江戸時代に書かれた地誌『御府内備考』には「此坂の傍らに昔より団子をひさぐ茶店ある故の名なり」と

荻野付近の旧甲州街道。路傍にはアジサイ、正面は扇山に連なる緑

談合坂集落のまん中を通る坂道。この道が「談合坂」というわけではない

記されている。他には「団子のような石の多い坂だった」という説もあるようだ。団子のつく地名は他にもあって、山梨県甲斐市の団子新居という大字は、『角川日本地名大辞典』によれば「付近で産する団子石にちなみ」とある。団子石が具体的にどんな石だかわからないが、大きな川の中流あたりにゴロゴロしているような玉石だろうか。そうなると、千駄木の団子坂のひとつと由来が似ている。

さて、談合という言葉は本来「だんこう（だんかふ）」と濁らずに発音していたそうで、最近では裏でコソコソ密談するようなイメージが付いてしまったけれど、かつては話し合い、相談一般を指した。相談相手のことを「談合柱」などと粋な表現もしたらしい。

談合坂から犬目を目指す。最近になって中央道は拡幅された。かつての上下線すべてを下り四車線とし、さらに上り三車線を新設したまさに大動脈である。これを長い跨道橋で越えて少し坂道をたどればすぐに犬目宿だ。こちらは野田尻より少し大きく、旅籠も十五軒あったという。やはり明治二十四年（一八九一）の新道開通ですたれたが、そのために江戸そのままに残っていた宿場のたたずまいが昭和四十五年（一九七〇）の大火で失われたというのは残念だ。

『角川日本地名大辞典』によると、犬目の地名は「近隣の猿橋・鳥沢と関連して十二支にちなんで犬目と名付けたともいわれるが不詳」としている。サービスエリアでもらった紙にある「桃太郎」の文字はないものの、近所の「動物地名」と無理に関連づけようとしているところが苦しい。無人販売所には吉備団子こそないが、おいしそうな桃が並んでいた。一個一〇〇円と格安だったのでお土産に購入。大きい桃ではあるが、桃太郎が生まれるほどではない。

　考えてみるとサービスエリアというのは食事や休憩、そして給油の役を担っているという点で、乗物こそ馬からクルマに変わったものの、江戸時代の宿場の役割に近い

犬目宿にあった無人販売所。桃が安い！

宿場の名残をとどめる下宿バス停

明治24年（1891）以前の旧甲州街道を野田尻まで戻った

ものがある。最近は「旅籠」を備えたところもあるそうだ。年貢米の話にしても、戦をめぐる和議調停にしても、ひょっとして桃太郎が来るにしても、談合する場所は話し合う双方から交通の便が良くて、欲を言えば団子など茶菓のもてなしに対応できるのが最高だ。談合・団子どちらの由来にしても、甲州街道筋のすぐ近くに談合坂という地名が存在するのは自然かもしれないし、それなら団子は大きい方がいいと地元のご先祖たちも奮発したのかもしれない。

いずれにせよ時は巡って中央自動車道が建設されることになった。勾配に弱い鉄道は桂川沿いの狭い谷を走ることになったが、高速道路はそれほど勾配の制限は厳しくない。むしろ桂川が相当古い時代に形成した高位の河岸段丘の緩斜面に位置する野田尻―談合坂―犬目のラインは、川沿いより高速道路用地としてふさわしいではないか。

そしてここにサービスエリアを設置することになった。長野県や山梨県を観光してきた人が東京へ帰る途中、うっかりご近所への土産を買い忘れちゃった、どうしようという時に山梨県内最後のチャンス、ということで立ち寄れる絶好の場所でもある。これに加えて談合坂という印象的な地名は、近いとはいえ帰るべき首都圏の「浮き世」から見ればまだ山の中のイメージを喚起し、観光気分が抜けるのを防いでくれる。さて何を買うかといえば、現代人もやっぱり軽く談合して決めるのであるが。

油面（東京都目黒区）
あぶらめん

一面の菜の花に歴史を見る

目黒区内に油面（あぶらめん）という地名があることは、なぜか以前から知っていた。戦前の地形図を見ていて発見したのか、それとも油面小学校の名前を見つけて以来だったか。公式にはとっくの昔に消滅した地名にもかかわらず、小学校は今もそのままの名で残っているのは嬉しい。昔の地名を今に伝える小中学校も、最近は統廃合で失われてしまうこともしばしばなので、一抹の不安を覚えつつも、今のうちに現地へ行ってみようと思った次第である。

ここ数日はとにかく猛暑だ。最高気温が三十四度の予報にもかかわらず、スケジュールの関係で午後一時から三時という暑さのピークの時間帯に歩くはめになったが、

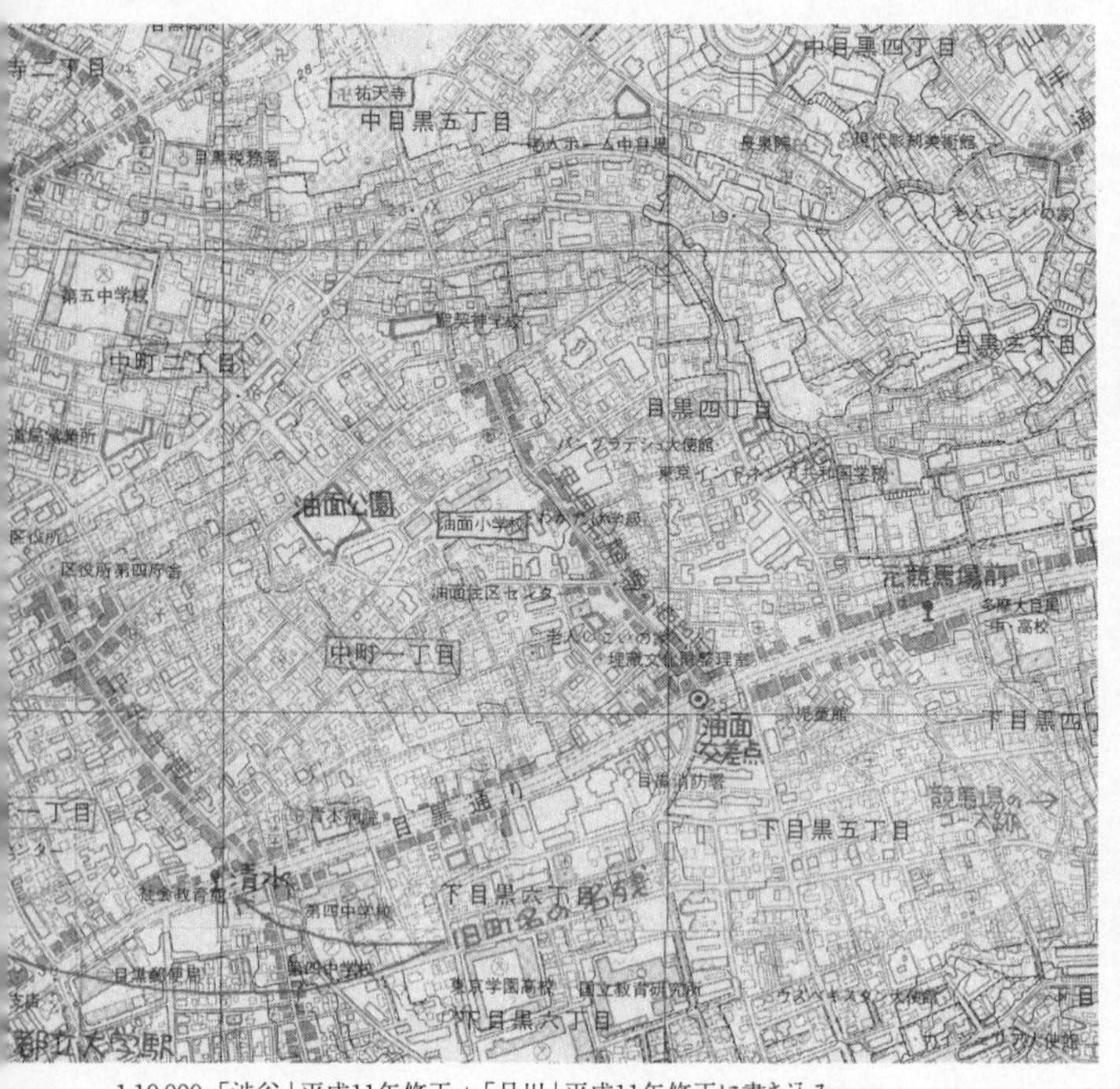

1:10,000「渋谷」平成11年修正 +「品川」平成11年修正に書き込み

仕方がない。油面の近くには元競馬場前というバス停もあるので、そこを出発点にしようと思う。この停留所へなるべく涼しくたどり着くには、東急東横線の都立大学駅から目黒通りをまっすぐ目黒駅方面へ向かうバスで行くのがいい。

都立大学といえば、取材時は「今はなき大学」であった。かの石原慎太郎氏が都知事だった頃に「首都大学東京」に変えられた。それより前の平成三年（一九九一）に、都立大学は多摩ニュータウンの南大沢に移転しているので、この駅名はすでに記念碑的な意味合いを持つに至って久しい。隣の学芸大学駅とともに、大学が移転した後も駅名は変わっていないため、たまに悲劇の受験生が「大学はどちらでしょうか」と迷い込むそうだ。その時間から本来の試験会場へ向かっても到底間に合うべくもない。

そんなこともあって、東急は地元住民に「駅名を地元の地名に改めますか」というアンケートを行ったことがある。しかし改称を希望する人が少なかったので現状のままとすることに決めたという。実際には○○マンション都立大学、○○ハイム学芸大学といった具合に好んで用いられていることから、確立した「ブランド地名」を手放したくない、というのが本音であろうか。

頻繁に来るバスに乗って約十分、元競馬場前の停留所に降り立った。この停留所はずいぶん昔からそのように名乗っているが、競馬場だったのは昭和八年（一九三三）までだから、すでに八一年もの歳月が経過している。大学の移転から二三年経った都立大学駅どころではないが、さすがに「元」があるから罪はない。移転した先は府中市で、現在の東京競馬場である。目黒通りの南側に競馬場のコースの痕跡があることは、その筋では有名だ。円弧形の道路が住宅地の中に残っているのである。私も敬意を表しに行ってみよう。

交差点名にも「元競馬場」があって、近くの歩道には馬のモニュメントもあった。「目黒競馬場跡」の銘板とともに、その歴史を記した目黒区教育委員会の解説によれば、明治四十年（一九〇七）に当時の政府が馬質改良を奨励するために開設したという。府中へ移転の前年にあたる昭和七年（一九三二）には第一回の日本ダービーが開催されたそうで、この碑は昭和五十八年（一九八三）に第五十回ダービーを記念して日本中央競馬会、大鳥前元競馬場通り商店街振興組合の協力によって建立されたものだ。

目黒通りから南へ脇道を入る。住宅地は静かで、円弧を描く道路にたどり着くと、なるほどわずかながらカーブしていて、同じ半径でひたすら続いている。他の道路との関係で三角の土地に、上から見ると三角であろう建物もあったが、とにかく住宅地で遠望が利かないので、そうと説明されなければ気付くのは難しそうだ。

元競馬場交差点の近くに戻ってくると、その西隣の信号が油面交差点である。住居表示としては下目黒五丁目と目黒四丁目、それに中町一丁目の境界であるが、あたり一帯が目黒の目黒通りなので、目黒関連の地名より昔の字名の油面の方が混同しない、

元競馬場前バス停。今も記念碑的に競馬場を名乗る

かつて目黒競馬場で活躍した「トウルヌソル号」の像。第1、5、6、8、9、12回ダービー優勝馬の父とのこと

競馬場のコースが、今は緩く弧を描く住宅地の道路となっている

という事情でプレートに採用されたのだろうか。

横断歩道を渡ると油面交番。詰めていた若いお巡りさんに地名の由来を訪ねてみた。最近まで剣道部の主将でしたといった雰囲気だが、「由来ですか……まだここへ赴任して間もないので、ちょっとわかりません」とのこと。道案内ならまかせとけ、かもしれないが地名の由来を尋ねる人は少ないのだろう。

ここから北側に油面地蔵通り商店街が続いている。いかにも昔ながらの店が目立つが、祐天寺へ通じる参道でもあり、明治時代の地図を見てもルートは昔から変わっていない。少し行くと「油面子育地蔵尊」にたどり着いた。傍らの説明板によれば、昔は油面交番のあたりの二子道にあったという。二子は東急田園都市線の二子玉川駅から多摩川を渡った先（川崎市高津区）で、大山街道（現国道二四六号）の渡船場があった所である。地蔵は享保十八年（一七三三）、当時続いた飢饉や大火の犠牲者の冥福を祈って建てられたものという。二子道は拡幅されて現在では目黒通りとなっているが、昭和九年（一九三四）の拡幅の際に現在地へ移されたとある。背が高いことから「高地蔵」と呼ばれているそうだ。商店が尽きるあたりが油面小学校。

門柱は古く年季が入っている。小学校のホームページによれば創立は大正十四年（一九二五）で、まだ昭和七年（一九三二）に東京市内に編入される以前だから、東京府荏原郡目黒町だった頃だ。帰宅して正式な当時の住所を調べてみた。たまたま昭和七年二月発行、つまり東京市に編入される直前の六〇〇〇分の一という詳しい「目黒町全図」を持っているので、油面小学校の場所を確認してみると、大字中目黒字油面一五三〇番地付近であったことがわかる。珍しいことに、油面は大字下目黒にもまたがっていて、小学校の南側の道から南は大字下目黒字油面だった。このあたりは区画整理が行われていないので、大正時代に畑の畔道だったような細道も密集した家々の間にたどることができる。

商店街のまん中にある「高地蔵」こと油面子育地蔵尊

大正14年(1925)に開校した油面小学校の門柱

あと二日行けば夏休み、という小学校はちょうど下校時刻で、門前では「みどりのおばさん」が旗を持って子供を見守っている。知り合いなのか、小学生としゃべっているおばさんに地名の由来を尋ねてみると、「昔はこのあたり、ずっと菜の花畑だったそうですよ。それでね、菜種油を採って、その油を祐天寺さんの灯明に使うというので、その畑の税を免除してもらった、というのが由来だそうです」と、けっこう淀みなく解説してくれた。

菜の花畑と聞いて、山村暮鳥(ぼちょう)の「いちめんのなのはな」という詩を思い出す。高校の頃に教科書に載っていたのか、とても印象的だったので覚えている。九行×三連の構成で、「いちめんのなのはな」が七行続いて、八行目だけ一連ごとに変わるという視覚的効果の大きな詩だ。大正五年（一九一六）の地形図を見ると畑が広がっているので、江戸時代には詩の通りだったかもしれない。もちろん今は畑など見当たらず、いちめんの住宅地である。

学校の先を左へ入った油面公園に解説があるというので、そちらへ向かった。先ほどの小学生も同じ方向だったので、この道だよねと念を押すと、「油面公園は表の道と裏道がありますけど、どちらから行きますか」と尋ねてくる。わかりやすい方を、と言うと先に立って案内してくれる格好になった。三年生では「町の探検」を授業で

「菜種油への免税」という地名の由来を示した解説板のある油面公園

やるので、油面という地名の由来も知っているという。ちゃんと郷土教育が行われているなあ、と感心する。知らないおじさんとは絶対に話してはいけません、といった無粋な指導は行われていないらしい。

少年と別れてから、裏道というのも教えてもらいたかったと少し後悔しながら、すぐ油面公園にたどり着いた。入口に「油面公園の由来」という木の札が立てられており、次のような説明があった。「みどりのおばさん」の言う通りである。

江戸時代の中頃からこの一帯では、菜の花栽培が盛んとなり、絞った菜種油は祐天寺などの燈明用として使われていました。

この油の奉納の際、絞油業者への油税が免除されたらしく、油製造により税が免ぜられる村、すなわち〝油免〟というのが地名のおこりとも言われています。

土木部公園緑地課

油免が油面に転じるような表記の変化は、地名の世界では珍しくない。たとえば同じく免税地名として知られる高知県の後免（南国市）は、奉行の野中兼山が当地の開発を奨励するため年貢と諸役を免除したことに由来するが、もとは「御免」と書いた。目黒の油面はその後、昭和七年（一九三二）十月一日付で目黒町が他の八十一町村とともに東京市に編入された際に、他の小字とともに廃止されている。この時に荏原郡目黒町は、隣の碑衾（ひぶすま）町と一緒に東京市目黒区となった。大字中目黒の小字の運命をたどってみると、次の通りである。

田道・中里・田道裏　↓　中目黒一丁目

田道耕地・八幡　↓　中目黒二丁目

谷戸前・原　↓　中目黒三丁目
五本木・油面　↓　中目黒四丁目

九つの小字はすべて中目黒の四つの丁目にまとめられた。同様に大字上目黒・下目黒でも小字はすべて丁目となって消えたので、地名の総数はこの時に激減している（五本木だけは昭和四十三年に復活）。しかし東京市編入の際にも同じ荏原郡の大井町では林附→大井林町、立会原→大井立会町などと旧字名をほぼ踏襲している。残念ながら戦後の住居表示の実施で西大井、南大井などと統合されてしまったので、結局は小字名が現在に引き継がれることはなかったが。

城下町でも昔ながらの紺屋町とか大工町などが中央や本町に変えられた事例は全国に数多いが、ここ目黒区でも戦後の住居表示の際には中央町（ちゅうおうちょう）が昭和四十一年（一九六六）、中町（なかちょう）が翌四十二年（一九六七）に相次いで誕生している。中央とか中といっても、かつての目黒の中心地というわけではなく、目黒区全体から見て地理的にまん中であることにちなむらしい。似たような町名が二つあるのは、一本化できない何らかの理由があったのだろうか。

油面小学校の所在地は現在「中町一丁目」だが、そこから西へまっすぐ進むと中央

中央町と中町の境界をなす中央中通り。見よ我こそは中心なり

約半世紀前に消えた地名は電柱のプレートにひっそりと

町一丁目に突き当たる。両町の境界の通りはなんと「中央中通り」。中央町と中町のどちらがエライか張り合っているようにも見えるが、中央町一丁目は以前の唐ヶ崎町にほぼ対応している。小字の唐ヶ崎が継承されたこの地名をなぜ生かさなかったのだろうか。昔の地名はすべて古臭いと切り捨てた時代の空気か、それとも自分たちが世界の中心でありたい欲求か。

中央町を西へ向かって歩いていくと、都立大学とともにブランド地名になった「学芸大学」を名乗るマンションが目立ってきた。そろそろ学芸大学駅も近い。

見物（千葉県館山市）

けんぶつ

見物を見物に行ってきました

見物に行ってきた。何を見に行ったのかといえば、さにあらず、見物という地名の話である。房総半島の西海岸を内房線で館山駅まで南下、そこから洲崎の方へ七キロほど西へたどった所で、見物海岸という海水浴場として知られているようだ。

東京から館山までは、かつて特急「さざなみ」が頻繁に走っていたのだが、東京湾アクアラインができて以来は高速バス「房総なのはな号」が中心となり、特急は取材時にはすでに朝晩しか走っておらず、現在は定期列車は一本も走っていない。都心での用件を済ませてから向かった都合で、東京駅の「房総なのはな号」は行ったばかり。八重洲であと一時間待つのも退屈なので、総武線快速で君津までたどり、そこから内

上は 1:25,000「館山」平成12年修正に書き込み、下は 1:50,000「北条」明治36年測図

房線の各駅停車でのんびり館山へ向かうことにした。君津駅で三十分待って館山行きに乗り換える。

　君津といえば新日鐵住金（現日本製鉄）の巨大な製鉄所で知られているが、東京駅からは八一キロ。東海道本線なら小田原までの距離にほぼ等しいので、東京の西側に住む私としてはだいぶ遠い所まで来たものだ。君津はかつての郡名に由来する地名で、日本武尊（やまとたけるのみこと）が相模国から海路で上総（かずさ）へ渡る途中で暴風に遭い、妃の弟橘姫（おとたちばなひめ）が海に身を投じて海神を鎮めたと『日本書紀』に記述があり、この地を君去津（きみさらづ）と名付けたと言われ、それが転じたものという。木更津も同源という説があり、本当だとすれば同じルーツの市名が隣接していることになる。

　久しぶりの内房線はかつての横須賀線色の電車ではなく、菜の花をイメージしたのか黄色い線が入っている。君津を出たのがすでに昼過ぎだったので海水浴客は見当たらず、私の乗った車両はわりと閑散としていた。学校の面接帰りと思われるお母さんと中学生らしき少年が何組か。昔と違って都心の通勤電車のようなロングシートに変わっているので、海側に座っても海を見るには首が痛くなるような体勢をとらざるを得ず、見るともなくそれらの親子を前にしてぼんやり過ごすうちに煉瓦巻きの古いトンネルをいくつか過ぎ、館山駅に降り立った。

猛烈な湿度と三十五度に近そうな熱気。そのせいかいつも撮っていた駅舎の写真も忘れてバス乗り場に向かう。残念ながらバスは行ったばかりらしく、七キロ程度なのでタクシーで行くことにした。見物の東端に海南刀切神社（かいなんなたぎり）があるので、とりあえずそこを目指す。

神社の前でタクシーを降りたが、そのすぐ直前に船越鉈切神社（ふなこしなたぎり）というのが見えた。地図を見ると道をはさんで似た名前の神社が向かい合っており、地名も船越鉈切神社の方が浜田、海南刀切神社が見物、それにはさまれた形で早物（はやぶつ）という三つの地名がこのあたりで境を接している。見物と早物というのは両方ともブツが付いた地名で何となく気になるが、よくわからない。

猛暑の昼間でさすがに人気のない境内へ入ってみると、木陰で少しはほっとする。拝殿に近づいてみると正面には左右や欄間に見事な彫刻があった。凝った浮き彫りはなかなかのもので、腕の良い職人に依頼するだけの経済力があったということだろう。『角川日本地名大辞典』の見物の項に紹介された文化九年（一八一二）の御用留（ごようどめ）（＝村の公文書控）には、鯛やカンパチなど六十種余の魚類買い上げの通達が記録されているそうで、一帯が良い漁場であったことを窺わせる。

境内には丸い石が三つ置かれていて、鎖で囲まれているのは「力石」。若者たちがこれらを持ち上げて力比べをしたものだというが、そのひとつに刻まれていた「四拾八貫目」は約一八〇キログラムにも及ぶから、これを一人で担ぎ上げたとは信じられない。

向かいの船越鉈切神社へ行ってみると、両神社の案内板があった。これによれば両社は「鉈切大明神」の上之宮と下之宮として「一社一神」とみなされており、海の神、海上安全の守護神として船乗りたちに崇敬されてきたという。位置関係からいって上之宮が船越、下之宮が海南であろう。

見物にある海南刀切神社。西隣には元首相・鳩山一郎の別荘であった「鳩山荘松庵」も

海南刀切神社の拝殿に施された見事な浮彫。明治16年（1883）頃に北条村（現館山市）の後藤忠明が手がけた

こちらは船越鉈切神社。森の参道を上ると鉈切洞穴にたどり着く

字は異なるが「ナタギリ」というのは、神様が浜から上陸したときに手斧で道を切り開いたとか、紫池に住む大蛇が悪さをするので、池から水を抜くために神様が鉈で岩を切ったという伝説があるという。実際に海南刀切神社の本殿の裏手には、すぱっと断ち切られたような岩があった。そもそも巨岩や巨木に神性を感じてこれを祀る素朴な信仰は遠い昔からあり、それが今も神社の形で続いているものは多い。一部は地名にもなっており、たとえば甲州街道の宿場町の教来石（山梨県北杜市）は「清ら石」から、佐賀県唐津市の厳木町も「清ら木」を起源とするらしい。

上之宮たる船越鉈切神社の方には洞穴があるというので行ってみた。途中には「鉈研ぎ石」という苔むした石があり、手書きの説明板には「昔々その昔浜田洞穴に大蛇が棲み村人が苦しめられた。それを知った神様が怒り大蛇を退治するのに鉈を研ぎ試し切りした処、真二つに割れたとの伝説の鉈研ぎ石です」とある。

樹種はわからないが、黒々とした葉が艶やかな照葉樹林で、やはりどことなく安房は南国を感じさせる。鬱蒼たる森の参道を上っていくと小さな社殿があり、その奥に洞穴はあった。残念ながら鉄格子があって中には入れない。この鉈切洞穴は千葉県指定の史跡で、解説板によれば標高約二五メートルの海岸段丘に位置する海食洞。開口部の幅員は五・八五メートル、奥行きは最大で三六・八メートルという。ここで縄文土器や釣鉤（つりばり）など漁具の類が発掘されており、古墳時代には一部が墳墓となり、その後は海神を祀る神社として地元漁民の信仰対象となった。

海岸段丘というのは波打ち際の下の平らな面が地殻の変動で隆起、そこがテラス状になった地形で、ふつうこれが何段か連続している。房総半島や三浦半島は長い時間をかけて徐々に隆起した地域で、大正十二年（一九二三）の関東大震災の時にもこの一帯は一・五メートルほど隆起したが、元禄十六年（一七〇三）に起きた元禄地震では五メートルもの隆起が確認されている。従って海の間近から参道をずっと上がった所に位置するこの洞穴にも、世界的に海面が上昇した縄文海進期には波が打ち寄せていたという。それにしても、せいぜい六〇〇〇〜七〇〇〇年間でこれだけ上がる隆起のスピードはかなりのものではないだろうか。

神社を出て内陸側へ進んでみた。昭和五十七年（一九八二）まで東小学校だったという西岬（にしざき）市民体育館を過ぎて早物バス停に着いた。現地に来てみても見物と早物の関連は思いつかない。ブツの付く地名を後で調べてみると、大分県国東半島の成仏（じょうぶつ）（これも珍しい地名！）、同県宇佐市の大仏、岐阜県大垣市の低地にある外渕（そぶつ）、栃木県市貝（いちかい）町の羽仏（はぶつ）などいくつかあるが、全国的に見ても多くはない。このうち仏の字が用いられた地名については仏教系の地名由来も伝わっているようだが、「物」は見物・早

見物と東に隣接する地名、早物（上）。両者に共通した「物」の意味は不明。いずれもJRバスが往来している

旧道に架かる昭和4年（1929）竣功の見物橋。下を流れるのは見物川

物の他にはなく、地名としての手がかりはつかめない。

酒屋さんがあったので、飲み物の補給ついでに店のおばちゃんに見物という地名は珍しいですね、と由来を尋ねてみたが、「珍しいですか。そうですかねえ……はい一五〇円」と、あまり関心がなさそうだった。由来など特に聞いたこともないという。珍地名に長らく住んでいると、それが当たり前になるのはここだけの話ではない。

少し歩くと欄干に小アーチを連続させた古いコンクリート橋にさしかかった。見物橋である。親柱によれば昭和四年（一九二九）竣功というから、おそらく海側を通る房総フラワーライン（県道）の旧道なのだろう。びっしり周囲を覆った竹藪を透かしてみると下には見物川が流れているのが見えた。その先で路地に入るとほどなく海岸の新道だ。道のすぐ脇が見物海岸の海水浴場である。

時間はすでに四時近いこともあってか、小学生らしき二人を連れた家族四人と釣り竿を握って佇むお爺さんと後に控えた奥さん、浜で甲羅干しのカップルとあと数人という按配で、閑散としている。あまりに暑いのでひと泳ぎできる支度をしてくればよかったと思うが、これも仕方がない。

ここは神様が「鉈切り」したわけではなさそうだが……海水浴場の入口

海水浴場の見物海岸。対岸の三浦半島はもちろん、晴れた日には富士山も望めるという

海岸には縞々になった地層が露出したところが目立つが、これも関東大震災や元禄の地震で隆起したものらしい。これがもっと広々としていれば「千畳敷」などと名付けられて名所になる。隆起したかつての波打ち際に上って見物海岸を見物。対岸の三浦半島が近く見えた。それにしても日差しの強さと高い湿度は容赦なく、なかなか辛くなってきたところで西側を振り返ると館山駅行きのバスの姿。涼しいところに入りたい欲求が勝ち、とっさに乗ってしまった。見物の謎はまったく解けないが、とりあえずは待避である。

帰宅してから館山市立博物館に電話で由来を問い合わせてみると、やはり「不明」だという。当然ながら早物との関連は注目されているものの、ブツの意味がわからない。しかし「これは俗説ですけど」と前置きしながら教えてくれたのは、「クジラを見物したから」というもの。館山湾では明治期に北条（館山駅の所在地）でクジラ漁が行われていたそうで、見物のあたりにも迷いクジラが来た可能性はある、という。実際にそれを見物したことはあったかもしれないが、見物の地名が江戸時代から存在したことは確かで、しかも江戸時代にこのあたりではクジラ漁は行われていない。やはり見物という字面から連想した俗説に過ぎないようだ。

さて、全国に「ケンブツ」に音の近い地名を探してみると、北海道旭川市のずっと北に剣淵（けんぶち）という地名が最も似ている。明治期に屯田兵が入った時には「ケヌプチプト原野」とあり、アイヌ語学者の知里真志保（ちりましほ）博士はこれを「榛（はん）の木の川口」と読み解いている。川口といえば館山の見物にも見物川の河口があるから、あるいはここもアイヌ語由来……という可能性を考えたくなる気持ちもわかる。「困った時のアイヌ語頼み」を適用していた頃の地名学者が、なぜか急に身近に感じられるようになった。

関東大震災で地盤が隆起して海上に現われた見事な露頭

閖上
ゆりあげ
（宮城県名取市）

ゆり上げられたものとは

閖上（ゆりあげ）。宮城県名取市の海岸部にある地名だ。閖という字を使った地名で大字（おおあざ）レベルのものは全国でもここだけである。小字を含めても、調べた限りでは他に同県石巻市の桃生（ものう）町太田閖前（ゆりまえ）があるだけで、いずれにせよ宮城県内限定の文字だ。残念ながらこの閖上の港町は、東日本大震災の大津波で市街地の大半を失ってしまった。そんな土

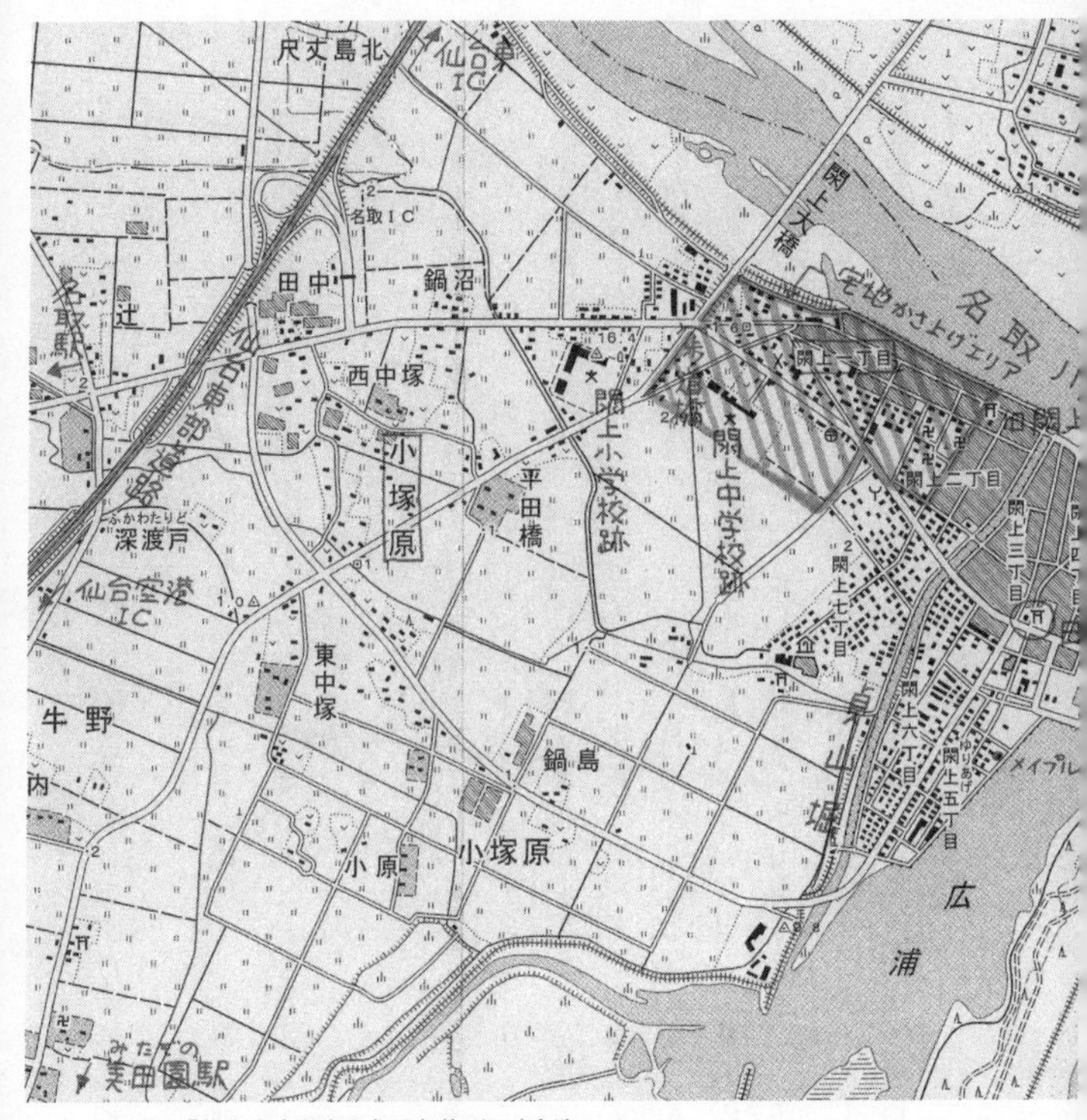

1:25,000「仙台東南部」平成19年修正に書き込み

地を訪れるのは辛いものがあるけれど、流されてしまった土地の地名は、今どうなっているだろうか。

閖上は名取川の河口南側に位置する古くからの港町で、行政区画では仙台市の南側に隣接する名取市内にある。江戸期の閖上は貞山堀と阿武隈川水運の便により物資の集散地として栄えた。貞山とは伊達政宗の諱（いみな）で、その時代から明治にかけて整備された海岸沿いの運河である。

その閖上の町と、宿場であり東北本線の駅も設けられた増田の町（奥州街道の宿場町）を結んだのが増東軌道であった。開通は大正十五年（一九二六）で、小さなガソリン気動車が走っていたが、当時急速に勢力を伸ばしていた乗合バスの利便性に負け、昭和十三年（一九三八）には運行が停止、翌年に廃止された薄命の軌道であった。

名取駅から閖上へは路線バスの本数が一日数本しかないので、東口から約六キロの道、かつて軌道の走った道を歩くことにした。マンションや新旧の住宅が混在する風景の続く中を抜け、名取市役所の近くを過ぎると田んぼが目立つようになる。このあたりの下余田（しもよでん）という地名は近所にある上余田とペアで、鎌倉時代には余田郷（よでんのごう）の名で文書にも登場する由緒あるものだ。明治期の地理学者・吉田東伍は自著『大日本地名辞書』で「余戸郷（あまるべ）」を増田から閖上の一帯としており、『角川日本地名大辞典』でも

「古代余戸（あまるべ）郷にかかわりがあると考えられる」とある。五十戸を一里とする古代律令制において、余戸（余部）は五十戸に満たず余ったところの呼び名で、余田もそれに類すると推定されている。

　ところが最近になって余田を「津波地名」だとする珍説を自著で披露した人がいる。震災後に出た本であるが、東北の古い方言で津波を「ヨダ」と呼んだこととこの地名を結びつけ、余田（よだ）が「よでん」に転じたのだと、いささか強引な論を展開しているのだ。たしかに下余田の一部は今回の津波で浸水したけれど、この説にはだいぶ無理がある。そうやって被災地の不安を煽るのも感心しない。

　仙台東部道路を過ぎてしばらくして、右手に学校の建物が見えてきた。旧閖上小学校であるが、がらんとしていた。近くのお宅で四十～五十代と思われる夫婦が作業しているので挨拶すると「どこのボランティアの方ですか」と尋ねられ、ちょっと赤面してしまう。何の役に立つわけでもなく、要するに物見遊山で来たのだから。彼らは今は別の所に家を買い、そちらで暮らしているのだが、庭の雑草が生い茂ってきたので刈りに来たという。津波の水はこのへんまで来た、と外壁を指差したところは人の背丈以上、地面から二メートルほどの高さになるだろうか。

「とにかく汚い水でね。海の底のヘドロみたいなものが上がってきたんでしょうかねえ。洗っても臭くて住めたもんじゃありません。閖上の中心部はみんな家が流されてしまって、復興といってもなかなか方針が決まらなくてね。ようやくこの秋に地盤のかさ上げが決まりました。小学校も閉鎖されていて、子供たちも仮設住宅とか、みなし仮設（県営住宅など既存の住宅を割り当て）などで内陸の方に住んでいます」

歩道橋で県道を渡ると、その先が旧閖上中学校だ。正門へ続く道のガードレールはぐにゃぐにゃに薙ぎ倒されており、左右で倒れた向きが違う。津波の破壊力の大きさを留める遺構である。ここから東側には密集した市街地が続いていたはずだが、土台だけ残る家の跡地に夏草が生い茂ったところが延々と続くばかりで、持ってきた震災前に出た地形図と現実の食い違いが大き過ぎて戸惑う。かつては駐在所や郵便局、その他の建物がびっしりと並んでいたはずだ。その中で一軒だけ無傷に見える寺の本堂がぽつんと残っている。三階建て以上のビルもなんとか津波に耐えたのだろう。まるごと二階部分の壁がなくなっても鉄骨だけで気丈に持ちこたえていたりする。

閖上中学校のすぐ近くには「閖上の記憶」と看板が掛かった仮設の資料館があった。入ってみると、そろそろ閉める時間だというので急いで見せてもらう。入ったら正面に大きな空中写真が掲げてあった。びっしりと家屋が集まり、地形図通りのまとまった市街地が見える。その家ひとつひとつに日々の生活があったはずだ。『〝その時、閖上は』という地元の小齋誠進さんが上梓された写真集を購入して退去する。

小齋さんは関東地方に単身赴任中で、たまたま閖上に帰る途中のバスの中で大揺れに遭遇したという。宮城県はたしか震度6強だっただろうか、この揺れによって一部が道に倒壊した商店や、瓦が落ちた場面などが撮影されている。それから一時間ほどで、よもやあれだけの大津波が集落そのものを押し流そうとは想像もつかなかったのだろう。強い揺れにもまったく無事だったという、新築間もないと思われるご自宅の写真も収められていた。その後は土台だけになってしまったという。海岸まで撮影し

東北本線名取駅。仙台駅からわずか13分の典型的な大都市近郊駅

下余田のバス停。古代から続く由緒ある地名である

資料館に掲げられていた、かつての閖上市街を撮った空中写真。ここに写っている家々の大半が流された

たところで、沖合に異様な波を見る。慌てて自転車に乗り、周囲に「逃げろ逃げろ」と呼びかけながら、ご自身も逃げた。

あとは小学校の二階からだろうか、怒濤のように押し寄せる津波が撮影されていた。何台もの自動車や家の柱や生活用品など、あらゆるものを巻き込んだ黒い水が、信じられないほどの高さまで押し寄せている。今ではすっかり更地になってしまったところに、薬局や呉服屋さん、酒屋さんなどが軒を連ねていたことを、一度も訪れたことのない私に教えてくれるのだが、その映像が目の前に広がる更地となかなか結びつかない。

消防署の先には高さ数メートル程度の小山があった。これが日和山(ひよりやま)である。文字通りこのような山は、昔から天気を見るために全国の港町に見られたものだ。小山の上には再建された新しい祠があって、それでも閖上湊神社・富主姫(とみぬしひめ)神社と墨書された柱が立っていた。お守りや絵馬を並べた麓の仮設社殿の女性に聞くと、この日和山は津波で完全に水没し、社殿は流されてしまったとのこと。一本だけある松の木の上だけがかろうじて水の上に出ていたと聞いて、それを見上げても溜息しか出ない。

日和山の近くには新しく完成したばかりの「寄り添いお地蔵さん」があり、強い日差しの中で黙々と掃除している人に会った。ご自身も閖上で生まれ育ったそうで、実家はその町の中心部にあったという。会社を定年して六十六歳。今の自宅は西側にあるので、床上浸水したけれど家は流されなかったが、十二人の同級生が亡くなった。町のまん中を流れる貞山堀の東側で九人、西側で三人。

「復興といってもね、町の人の意見がなかなかまとまらなくて、都市計画案に反対もあって時間がかかってしまいました。それでも三年半経ってようやく決まって、中学校とその東側の部分だけに限って三メートルほどかさ上げすることになりました。それより海側は居住禁止。かさ上げ工事はこの秋に着工するそうです。被災地の買い取

伊達政宗以来の歴史をもつ貞山堀。震災前はこの両側に市街地が広がっていた

貞山堀東側から日和山方面を望む。ここもかつての市街地

完成したばかりの「寄り添いお地蔵さん」。明日ここに幟が立ってそれらしくなります、とのことだった

り価格もようやく決まって……」

住民が三人寄れば三通りの都市再生案があり得るだろうから、簡単にまとまらないのは当然だ。決まらないまま時間が経過するうちに亡くなる人もいれば、他の土地で家を買った先ほどの夫婦のような人もいる。それぞれの人生もあるから、先の見えない年月を空費するわけにもいかない。東京のマスコミは「復興が進まないのは誰のせいだ！」と悪者作りに躍起になっているけれど、時間がかかるのは仕方がない面もある。たとえ何でも四捨五入して「スピード復興」を成し遂げたとしても、無念の声に満ちた復興でいいのかという話だ。

「閖上の地名の由来。そう、聞いたことがありますね。伊達政宗だか誰だか忘れましたが、遠くからこの地を見たら、ちょうど門の中に水が見えたとか……はっきり覚えていませんが。それで門構えに水、というこの字になったそうです。他にない珍しい漢字でしょう」

『角川日本地名大辞典』によれば閖上の地名は、名取市高館（たかだて）の熊野那智神社にまつられている御神体がこの浜にゆり上げられたことによる、と十八世紀の仙台藩の地誌『封内風土記』の記述を引いている。かつては淘上、淘揚などと記されていたのを、第四代仙台藩主・伊達綱村が一〇キロほど離れた大年寺に参詣した際、山門からこの浜を遠望、「門構えの中に水を書いて閖上とせよ」と命じてできた字であるというから、もちろん国字で、仙台藩以外に使われていない。しかし手元の『漢語林』（大修館書店）で閖の字を引いても綱村のことには触れておらず、「水が狭い門のような流域から流れ出るため、砂を淘りあげてできた平地、ゆりの意味を表す」とあった。

字が異なる「ゆりあげ」の地名は、実は三重県桑名市の揖斐川河口付近にある。東汰上・西汰上がそれで、『角川』では江戸末期に完成した伊勢国の地誌『勢陽五鈴遺響』からの引用で「洪水の時、波濤のためにゆり上がった地である」としている。

建物がほとんど失われた市街地にも、復興への決意を感じさせる看板が

閖上の地名が大きく記された日和山と、無事だった一本松。上にあった富主姫神社は流されて仮の祠が建てられている

かつて電柱に付いていたであろう閖上の住所表示板。傷だらけで路傍に落ちていた

「ゆら」ならもっと用例は多い。たとえば淡路島の南部にある由良は「風や波で砂が揺り上げられた海岸の地形などを指す」という記述もあるし、科学的視点で地名にアプローチした地名学者の鏡味完二・鏡味明克による『地名の語源』（角川小辞典13）では、「ユリ」を「（2）海岸の平らな砂地。風波で砂がゆすり上げられた所　＊ユラ」としており、この閖上も例に挙げている。

東日本大震災は「千年に一度の大津波」と形容されるが、はるか昔に閖上で起きたことを想像すると、この浜は——明治期まで閖上は閖上浜と称した——三年半前に、まさに砂をゆり上げる本然の姿を久しぶりに現わしたということなのだろうか。「ゆり上げる」と言えば優雅な雰囲気も漂うけれど、実際のゆり上げパワーはあまりにも強大で、目の当たりにした人間にはなす術がなかった。

日和山に近い、カナダから寄贈されたという朝市の木造建築「メイプル館」を見て帰る途中、道に青い住所表示板が落ちていた。電柱に取り付けられている、あの薄い鉄板である。片付けを免れた一枚だろうか。「閖上五丁目5」の表示は傷だらけで消えかかっているが、凸形にプレスされているのでまだ読める。

大津波は家々を、人々の生活の多くを流し去ってしまったけれど、地名だけは変わることなくここに留まっている。土地の不屈の意志、のようなものだろうか。

垪和（はが）

（岡山県久米郡美咲町）

日本でここにしかない難読字地名

岡山県を南流する旭川中流域の山里に、垪和という地名がある。正確には大垪和東・大垪和西（以上旧中央町）、東垪和・中垪和・西垪和（旧旭町）で、両者とも平成の大合併で美咲町となった。垪和の「垪」の字を初めて見たという人は多いはずだ。それもそのはずで、この地名のために作られた字なのである。

一連の垪和地名の「最寄り駅」を強いて挙げるとすればJR津山線の誕生寺駅で、ここから細道を西へ七〜八キロほどたどれば東垪和の端にたどり着く。昔はそのくらいの距離を歩いて汽車に乗るのは当たり前だったと思われるので、まずは誕生寺を目指すことにした。しかし実際にはバスの便がないことに加え、垪和の地名が点在して

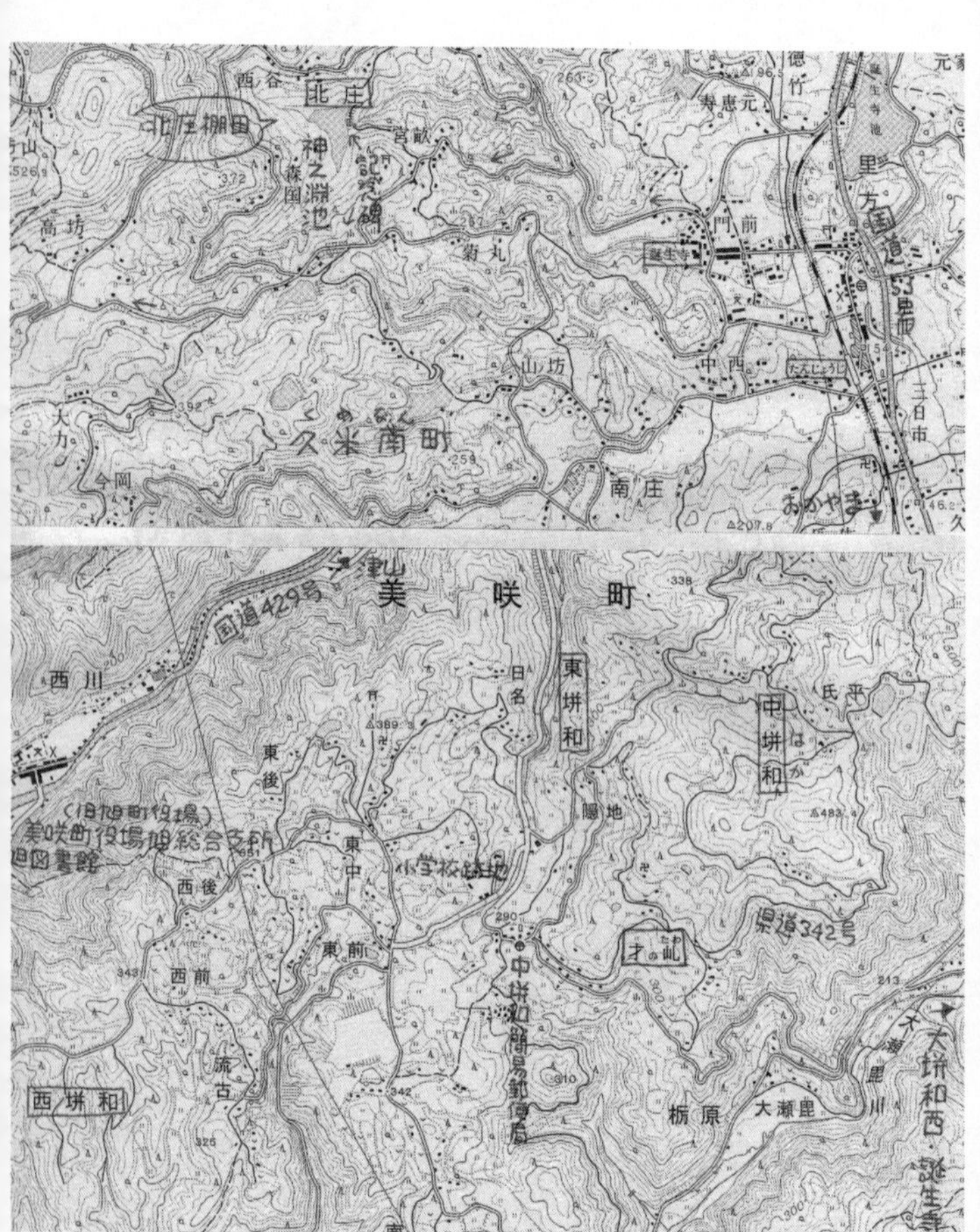

上は 1:25,000「下弓削」平成10年部分修正、下は「西川」平成19年更新にそれぞれ書き込み

いるので、今回は岡山駅からレンタカー。岡山市内から誕生寺へは、津山を経て鳥取へ向かう国道五三号で北へ四五キロ、約一時間の距離である。

誕生寺という名のお寺は全国にいくつかあって、たとえば関東なら千葉県鴨川市（旧天津小湊町）の誕生寺は日蓮生誕の地で、弟子の一人が創建したと伝えられる寺だ。こちら岡山県・備前の誕生寺は浄土宗の開祖・法然である。寺の前の解説板によれば、法力房蓮生（＝熊谷直実）が建久四年（一一九三）に、師である法然の御徳を仰いで上人誕生の旧邸を寺院に改めたのだという。当時法然はちょうど還暦を迎える頃で、まだ存命中であった。

寺へ通じる道は小さいながら門前町の家並みになっているが、商店などはひっそり静まっており、人通りはほとんどない。門前に「誕生寺お土産」と看板を掲げた店が営業中でよもぎ団子を売っていたが、団子好きでもないので通過してしまった。昨今では信心深い人も減ったのか、遊びの形が多様化したからか、多くの門前町は時間が止まっている。山門を入ってすぐの所にある大きな公孫樹（いちょう）の木は、十五歳の勢至丸（法然の幼名）が枝をここに刺したところ繁茂して今に至るという。本堂から読経が聞こえてくる以外は閑寂である。おみくじを引いたら小吉で、「一時的な下降期を迎え、心の中に迷いが生じたり云々」とあり、どの指摘もあたっているような気がしてくる。とりあえずは目の前の仕事をマジメにやらねば。

寺を後にして西へ向かった。小吉だから細道の運転には注意しよう。地形図には二車線道路の記号で描かれているにもかかわらず、実際には自動車がすれ違えない狭さであるが、図を作る際には土地なりの「重要度」も加味されているようで、これで問題ないのだろう。

入り組む等高線の通り、複雑な襞のある地形をくねくねと曲がりながら高度を稼いでいくと、周囲を見渡せるちょっとした峠に出た。遠くまで続く穏やかな山並みを背景に棚田が広がり、その間に家が点在する昔ながらの中国山地の風景だ。間もなく収穫を迎えそうな黄金色の稲穂が風に揺れている。「ため池百選　神之淵池（かんのぶち）」まで〇・三キロメートルという看板が掲げてあったので行ってみた。

深い色を湛えた神之淵池は、傍らの解説板によれば大正十三年（一九二四）の大干魃を機に計画された。重機の使えない当時にあって「千本突きと杵突きにより、三センチの鋼土が一センチ以下になるまで突き固め、コンクリート以上の強度にするという、気の遠くなるような作業」を積み重ねて五年がかりで完成させたという。これによって四〇ヘクタールの田が灌漑できるようになった。岡山県知事の揮毫による「この水に栄あれ」の石碑が池畔に建てられていたが、この山の中で田を作るのは、それほど大変なことだったのである。

池から峠に戻り、今度は「日本の棚田百選」に選ばれた「北庄（きたしょう）の棚田」の看板を見てそちらへ向かう。この田は神之淵池を囲むように広がっていて、田の枚数は二七〇〇枚、農家戸数は九十二戸というが、だいぶ休耕田が目立つ。それでも解説板によればこの北庄の棚田は八八ヘクタールで「日本一の面積」とあった。平均勾配は七・五

津山街道から山門まで続く誕生寺の門前町。今はひっそりしている。山門は手前

法然上人の生誕地にちなむ浄土宗誕生寺の御影堂（重要文化財）

分の一というので、計算すると十三・三パーセントにあたるから相当な急勾配だ。何も知らずに来て、たまたま「日本一」の棚田にたどり着いてしまうとは奇遇である。

ここから大垪和東の方へまっすぐ続く道はないのだが、分岐点のたびに道のまん中に車を停め、ゆっくり地形図を確認して進路を決める。そんな悠長な停車をしていても他の車はまず来ないから大丈夫だ。窓を開けていると、秋の虫の声が入ってくる。

文字通り神社の小山を囲むように宮の乢という集落があって、ちょっとした交差点になっている。乢は峠のことだ。この字はほとんどが岡山県、それも多くが美作国に集中している特殊な字である。旁は乙の別字で、「折れ曲がるもの」を示しているから、峠の鞍部のラインと思えば納得できる。タワという音も、タワムと同源だろう。トウゲもタワ・ゴエから転じたとする説がある。

ここもその通りの分水界になっていて、ここから南北へ小川が流れ下っている。蕎麦屋があったのでお昼にしようかと思ったが、車の通りが少ない道沿いなのに数台入る駐車場がいっぱいだったので通過。ほどなく次の峠、稲荷乢を通る。ちょうど標高四〇〇メートルほどだ。地形図には学校の記号があるが、最近閉校したらしい。その西側には「ようこそ日本の棚田百選認定　大垪和西棚田」と、大垪和西地域宝資源保全協議会が大看板を出していた。こちらもやはり休耕田が目立つが、刈り取りが終わ

「日本一」という北庄棚田と神之淵池を俯瞰する

ったところと、黄金色の田んぼが穏やかなコントラストをなしている。遠くからも黄金色の棚田を撮りにカメラマンが来るらしく、ちょうど日曜日だったので看板の前に車を停め、カメラと三脚を担いで歩きに出る人を見かけた。

このあたりで地名の話を伺おうかと思ったが地元の人の姿は見えず、しばらく佇んだ後にさらに西へ細道を進んだ。立体的な地形に棚田が広がっているので、途中で何度も車を停めて観光客よろしく写真を撮る。これではお金が地元に落ちないなあ、などと考えても仕方ないので、大瀬毘（おおせび）川の谷を渡って旧旭町へ入っていく。今はどちらの垪和も平成の大合併で美咲町（みさきちょう）になっている。女の子の名前になりそうな新町名の由来は美作国に咲く花、だろうか。

こちらの垪和は「大」が付かないで東・西・中が上に付いている。このうち中垪和が最も東にあるのはちょっと謎だ。細道が三つ合流する交差点には、やはり峠の地名を示す「才の乢」という札が立っていた。その前が中垪和簡易郵便局。標高は等高線によれば約二九二メートルといったところ。意外に低い気もするが、それだけ旭川本流に近づいたからでもある。

その近所の奥さんが、布団を取り込みに庭先に出てこられたので話を聞いた。垪和って珍しい地名ですねえ。どうやってこの字を説明するんですか。

「そうねえ。まず土偏、ちょんちょん書いてヨコヨコ・タテタテ、なんて言いますけど、面倒なのでひらがなで書いてもらうこともあります。私はここに嫁いできたもので、地名の由来はわかりません。昔はこのあたりにも店が何軒かあったんですよ。『才の乢銀座』、なんて呼ばれてました。信じられないでしょうけど。今はみんな閉めてしまった。農協の店もあったんですけどね。だから買い物といえば、車で津山とか落合へ行くしかない。でも運転できない人はねえ……。学校もなくなったので、あっちに二人、こっちに二人と何人かいる子供たちは、スクールバスで旧旭町役場の近くの学校へ通っています」

最近は棚田の写真を撮りに来ますか。

「けっこう遠くからも来ますよ。でもやめてしまった田んぼが多くて。昔は大坍和西の棚田のように広がっていたんですけどねえ。地名なら、旧旭町の役場の近くに図書館がありますから、そこで調べられたらどうですか」

旭川の方へ下がっていくと、さすが平成十七年（二〇〇五）までの役場所在地とあって、旭小学校、旭中学校、診療所と駐在所、町民センター、保健センターなど公共

こちらも広い谷に開かれた大坍和西棚田。散歩コースも設定されている

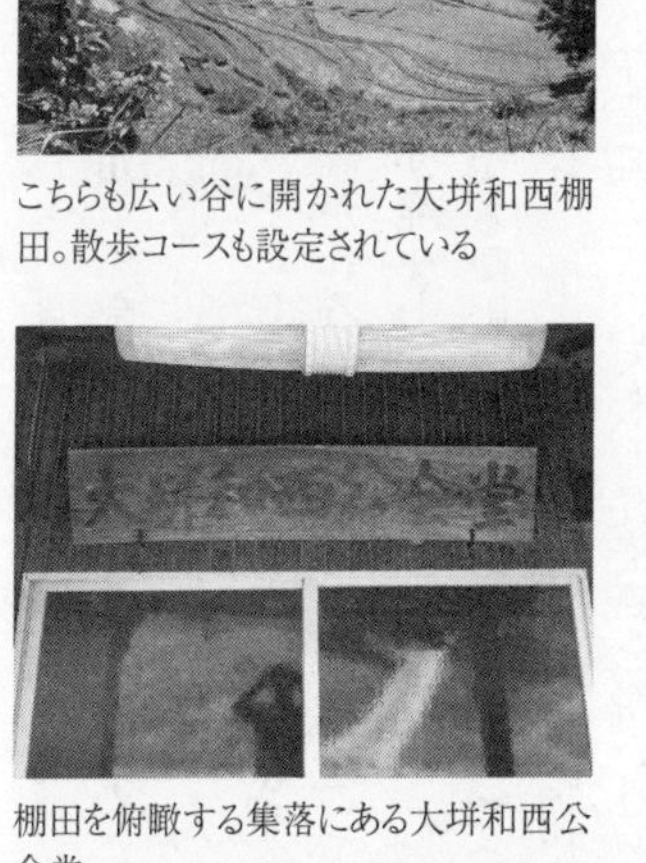

棚田を俯瞰する集落にある大坍和西公会堂

細道ばかりが続く山の中では頼りになる標識。右が坍和（中坍和・東坍和・西坍和）

施設は一通り揃っている。その一角にまだ新しそうな図書館があった。『旭町誌』民俗編（旭町編、平成九年）を開いたら「才の乢」のことも載っていた。才とは才の神（道祖神）のことで、東垪和と中垪和の境界近く、つまり先ほどの中垪和簡易郵便局のすぐ西側であるが、そこに才の神があり、峠にあたるのでそう呼ばれてきたそうだ。道祖神は村の外れに置かれるのが常であるが、ここでは境界が交通の要衝にあたったため「才の乢銀座」が発生したのだろう。

大垪和東・西を擁する隣町の『中央町の地名考』（中央町文化財研究会地名調査委員会編、同研究会発行、平成三年）には、五世紀初め頃に応神天皇の御子「大葉枝王」という人が吉備国（きびのくに）に来て久米郡賀茂郷を開いたという話が載っている。この地には羽具部と呼ばれる人たちが住んでおり、彼らは矢羽根、つまり矢の方向を保つための鳥の羽根を作っていた。ハガはこれにちなむ地名だという。ちょうど誕生寺駅の隣に弓削（ゆげ）駅があり、ここが久米南（くめなん）町役場もある中心地だ。弓削部は弓を作る部民であり、八岐大蛇（やまたのおろち）を退治した十握剣（とつかのつるぎ）もここ吉備国（美作国も古くは域内）の弓削氏によるものという。弓と矢はペアであるから、羽具部というのは現実的かもしれない。

それにしても、なぜ「垪」の字が発明されたかについては言及していない。ハガという名字は一般的には「芳賀」「羽賀」と書くものが多い。鏡味完二・鏡味明克『地名の語源』（角川小辞典13）では、ハガの見出し語には「崖」とひと言だけ説明があり、〔羽賀・垪和・芳賀・羽下〕と用例が示されている。『新潮日本語漢字辞典』を引いてみると読みは「は」であり、「地名、姓氏に用いる」とあった。姓氏として「垪(は)賀(が)」、岡山県久米郡美咲町の地名として、今回訪問した垪(は)和(が)も載っている。姓氏にも垪和は使われるが、読みは「かきわ」「はげわ」「へいわ」という三通りの異なる読みが紹介されていた。

　地名をかじった人ならピンと来ると思うが、カキとハゲは崖地名の一種である。土

才の乢は垪和地区の中心。乢は峠を表わす岡山県の「方言漢字」

才の乢には珍しい地名ばかり並ぶ標識があった。しかも幅員の狭さがこの地の標準

かつては「才の乢銀座」として賑わった交差点付近。農協倉庫は壁も剝げてしまった

地が欠ける、もしくは剝げるに通じる地名で、カキなら柿や香木、ハゲなら半家とか波介など全国でさまざまな字が当てられている。和はカとも読む。昔は音楽でいう和音も「かおん」と読んだので、垪和で読みとして不思議はないが、日本には「二字好字」という古代以来の伝統があるので、垪+和（添え字）という可能性は考えられないだろうか。

ハガの語源はいいとして、それでも垪の字の謎は残る。旁の「幷」にどんな意味があるかといえば、「ならぶ」「あわせる」だそうで、これを崖地へと繋げるのは苦しいが、たとえば食偏の「餅」は穀物の粉を「こね合わせて」作る意味だというから、これが土偏になると、土がこね合わされる——あるいは地すべりで生じる崖、ということなのかもしれない。それとも、棚田で土をこね合わせてうまい米を作ろう、という決意表明の字だろうか。筋雲の広がる秋空の下で、棚田を俯瞰しつつ勝手な妄想は広がっていく。

オタモイ（北海道小樽市）

おたもい

断崖絶壁、最果ての町

これが話に聞いていた「裕次郎ホーム」か。等身大の写真パネルが置かれたプラットホームに停車しているのは函館本線の長万部（おしゃまんべ）行き普通列車である。最近は沿線の倶知安（くっちゃん）やニセコが、にわかにオーストラリア人の観光客、スキー客の増加で活況を呈しているらしい。NHKの朝の連ドラ「マッサン」がらみで余市へ向かう人も、その会話でわかった。レールの緩みによる脱線などの事故が相次いで昨今さんざん叩かれたJR北海道だが、爽やかな黄緑の帯を巻いたローカル気動車が賑わっているのはなぜか嬉しい。ホームで売られていた「かにめし」の昼食をベンチで終えて列車に乗り込んだ。

1:25,000「小樽西部」平成18年更新に書き込み

下車駅の塩谷（しおや）までは十分足らず、要するに次の駅だ。目指すのは小樽市オタモイである。北海道によくあるアイヌ語由来の地名らしいが、道内に無数といっていいほど存在するそれらの地名から、わざわざこれを選んだのには理由がある。このオタモイが「住居表示実施済」の町名だから。

今となっては歴史的地名を次々と消し去った「悪名高い」住居表示法だが、もともとは都市計画区域における住所のわかりにくさを改善するための法律だった。「当用漢字」で誰もが読み書きしやすい地名に揃え、番地の並び方もシステマティックなら迷う人もいなくなるはず、という期待を担って登場したのはいいが、特に城下町などの細かい町を統廃合して「中央」「本町」などに変えてしまった罪状があまりに重いので識者からは悪評紛々である。

実際に道内でもそのようないわゆる「内地風」の町名は続々と登場したのだが、この小樽市オタモイは、昭和四十四年（一九六九）にわざわざ塩谷町、幸町、北赤岩町の一部から分かれて設定された町名である。それだけオタモイの地名の採用に対するある種の思い入れを感じさせるが、それは何だったのだろうか。

このカタカナ地名は北海道一の動脈・国道五号に沿っていて、市の中心部からはバスも出ているのだが、オタモイ付近は函館本線が急勾配で峠越えする区間であり、やはりその峠にも敬意を表しながら歩いて訪れてみたかった。要するに趣味の世界である。

塩谷駅を降りると国道までは峠をひとつ越える。十一月に入ったばかりだが紅葉はすでに盛りを過ぎた様子で、小さな峠は黄色と橙色に彩られていた。塩谷という地名は日本語的ではあるが、実はこちらもシューヤ（鍋の岩）、またはショーヤ（岩の岸）などアイヌ語が起源とされている。江戸時代にはシウヤなどと仮名書きされていた。

昔はこのあたりでニシンがいくらでも獲れたらしいが、汽車が通るとその振動で魚が寄りつかなくなる、と浜沿いを通る鉄道ルートに反対し、それで今のように山側を通っているという「忌避伝説」があるそうだ。この種の伝説は根も葉もないものが多いが、小樽の東に位置する朝里に汽車が走り始めた途端にニシンが来なくなって、塩谷も反対したというから一見もっともらしいのだが、塩谷から小樽の間の山越えが厳しいため、塩谷ではなるべく高い所を走る必要があり、やはり勾配の都合で現在線になったと考える方が合理的だ。「浜から離れてくれ」という思いがあったとすれば、たまたま一致したのだろう。

浜沿いの国道に出たら「海抜九メートル」の表示があった。塩谷駅は約五五メートルだからこれは歴然だ。さらにこの先、小樽との間にある一〇三メートルの峠のてっぺんまで上らねばならないのだから。しばらく国道五号の、四車線の外側に余裕をもって設けられた広い歩道を歩く。このだだっ広さがやはり北海道である。その緩い坂道を上っていくと、てっぺん近くに「小樽市オタモイ」の標識があった。

地形図では近くに記された水準点の標高が一一二・六メートルと高く、函館本線はここを於多萌（おたもい）トンネルで抜けている。昔は漢字で表記したのだろうか。中央自動車学校前というバス停の少し先で北へ折れる。そこそこ新しい家が目立つ住宅地だ。家か

小樽駅の１番線は「裕次郎ホーム」

函館本線塩谷駅に到着した長万部行き普通列車

ら出てきた老紳士に話を伺ってみると、「アイヌ語が起源ということは知っているけれど、由来はねえ……」と出てこない。「でも以前からカタカナでした」。地形図に「オタモイ地蔵」とあったので尋ねると、崖崩れで行けなくなったと思います、とのこと。

　さらに進むと車止めがあって、その先はおそろしく急な短い坂の先がすぐ崖っぷちであった。目もくらむような高さで、崖下には日本海の白波が打ち寄せている。地形図でざっと読み取っても一五五メートル。崖の傍らには地蔵堂があって、中をのぞくと「平和地蔵尊」と読めた。何体もある地蔵はすべて暖かそうな顔だけ出した白いセーターを纏っていて、それが新しい。信心深い地元の人がひとつひとつ手編みしたのだろうか。

　その西方はさらに高い崖になっており、神社の記号もあるから、道をたどってみると「御賜恵観音」と書かれた板と廃材がきちんと積まれており、その傍らには「当御賜恵観音堂は平成二十五年七月を以て閉山致しました。長きに亘る御厚情有難うございました」という札が立てられており、その本尊は市内真栄（まさかえ）（一丁目）の龍徳寺に移転した旨記されている。きちんとお堂をたたむまで奉仕した人、地蔵様にセーターを着せた人。黙々と自らの信仰を地道に実践した証であろう。

　ところで、この「御賜恵観音」であるが、一見して「恩賜」の字を思わせたので、まさかこれがオタモイの漢字表記とは思いつかなかった。昔はオタモエと発音したのだろうか。先ほどの於多萌トンネルとは別の字だが、そのような事例は北海道には多い。そういえば萌の字も普通に読めばモエだ。もちろん留萌をルモイと読む例もあるが、北海道は東北出身者が多いため、イとエの区別が曖昧ということも背景にありそうだ。

付近の地形図をよく見ると、崖の中腹に二つの短いトンネルが穿たれた道が気になった。そのトンネルの近くの岬には展望台のような長方形の平場があって、それが妙に広い。後で市内の書店で買った『小樽散歩案内』を、ホテルへ帰ってぱらぱらペー

国道５号の坂道を上ってオタモイに着いた

オタモイ三丁目の住宅地。新しい家が目立つ

住宅地の外れで突如として断崖に出る

ジをめくってオタモイ海岸の記述を読んでわかった。

「かつて一大遊園地があった断崖絶壁の海岸」という小見出しの付いた文章によれば、「昭和九年には険しい崖の上に龍宮閣と名付けられた料亭が造られ、これを中心とした一大遊園地が開業して脚光を浴びた」のだそうだ。しかし戦時中は休業となり、戦後になって再開間もない昭和二十七年（一九五二）に火災で焼失したという（資料によっては再開直前）。先ほど見てきた細長い展望台的な平場も写真があり、そこに三層ほどの大きな和風建築が建つ在りし日の写真も掲載されている。

市立小樽図書館にも行ってみた。地元の地名に関する資料はなかなか充実していて、新聞の切り抜きをコピーして製本したものなど、書籍ではないこれらの手作りの資料群に図書館員の志の高さが窺える。その中でやはりコピーで製本されていた奥野實『小樽の地名・川名を考える』に載っていたオタモイの由来は、次のようなものだった。

【ヲタモエ】オタ・モイ（砂浜の・入江）小樽市の西部海岸の誕生は、今からおよそ一千五百万年ほど前の激しい海底火山の活動によるものと言われております。当時は二百から三百メートルの高さの断崖が連続的に見られていたはずです。その断崖の凹みの入江に打ち寄せられた砂が「砂浜の入り江」という地名の起こりかと思われます。

しかし、現在は、砂浜の跡は見られません。美しい玉石の海岸です。海水の温度も低く、透明度も高いことから潮流の激しい地域では無いかと思われます。白龍(白蛇)や地蔵尊にまつわる伝説も哀しい風光明媚な小樽の景勝地です。

やはり昔はモエと呼んでいたらしい。「北海道新聞」の連載(昭和五十三年八月一日〜八月三十一日)を綴じた河村礼三『小樽の町名』にも語源はアイヌ語の「砂の入江」説を採っているが、次のような記載もあった。

御賜恵観音堂をたたんだ跡

崖上にあった地蔵堂。「平和地蔵尊」が安置されている

かつて龍宮閣が聳えていたという岩上の狭い平場(左端)

「昭和四十四年の住居表示整備のさいに新設された町名で、小樽ではただ一つの片かなの町だ。区域は（中略）。嘉永元年（一八四八年）、忍路(おしょろ)高島の場所請負人西川家は、積丹(しゃこたん)町神威(かむい)岬の荒海に命を奪われた人々の霊を弔うため、七体の地蔵尊を建立した。その一つがオタモイ地蔵である。この地蔵尊を信仰すると母乳の出がよくなることから子宝地蔵とも呼ばれ、一時期は一日に数百人の信者が参拝に訪れたといわれる。昭和七年断がい絶壁の海岸に唐様建築の竜宮閣、弁天閣が建ち、当時小樽観光にひと役かったが、焼失解体などで、いまはオタモイ口(ぐち)の唐門だけが残っている。」

唐門といえば、崖上から撮ったトンネルの入口の写真を帰宅後にパソコンで大きく拡大してみたら、トンネルに見える構造物の上側が竜宮城のようなデザインであることに気がついた。これが唐門だろうか。それだけ戦前から注目された観光地なら、手元にある昭和十一年（一九三六）発行の『日本案内記』にも載っているはずと思って調べたら、果たして次のような記述があった。

【オタモイ】小樽市の北西約四粁(キロ)、塩谷村小字オタモイにある。海岸一帯は数十丈の断崖絶壁をなし、天然の勝景に富み、舟遊にも釣魚にも適して居る。この断崖の下に御賜恵地蔵と云ふ霊験あらたかな地蔵尊があつて、遠近から参詣の人が絶えない。附近に数軒の茶店、売店も見え、数百米を隔てたところには山屋温泉と称する冷泉もあつて、神経系統諸症、皮膚病、胃腸病等に効くと云はれて居る。最近海汀に通ずる自動車道路も開けた。

霊験あらたかな地蔵尊として「御賜恵地蔵」が載っているではないか。山屋温泉というういろいろな効能をもつ冷泉もあったそうなので、現在からは想像できないほど見どころ豊富な観光地だったようだ。鉄道省が編纂した戦前の権威あるガイドブックにこれだけ載っているのだから、やはりオタモイの知名度は相当なものだったに違いない。住居表示の実施に際してカタカナの「オタモイ」を選択したのも、昭和四十四年（一九六九）の時点では明らかに今より高かったと思われる知名度が影響したはずだ。

オタモイ一丁目の方にも行ってみたが、こちらにはバス路線があった。かつては平屋と二階建ての市営などの住宅が並んでいて、最近になって建て替えが行われた、とバスを待っていた品の良い老婦人が教えてくれた。オタモイの由来は忘れてしまったというが、私のことを「こんな所まで地名を訪ねて来られたの。それはご苦労様。寒いので風邪を召されないように」とねぎらってくれた。バス停の名前は「おたもい住宅」。この地区を走る中央バスのバス停は他も「おたもい交番」「おたもい車庫」「お

オタモイ一丁目の住居表示板

おたもい車庫停留所。背後は中央バスの車庫

たもい一丁目」と、すべて平仮名だった。オタモイという表記よりどことなく温かみがある。

翌朝起きてみると、低気圧と寒気の影響で灰色の空からみぞれが降っている。風も強いが、せっかくだからと北海道鉄道発祥の地である手宮（てみや）の小樽市総合博物館へ歩いて向かった。しかし途中から風はますます強まって雪に変わる。北海道の秋は実に早足に過ぎ去ってしまう。オタモイの崖上の地蔵さんが暖かいものを纏っているのを、なぜか思い出した。

番外篇

アペンツェル（スイス）

あぺんつぇる

直接民主制の村へ

最後はいきなりスイスの地名である。

ところで私はいつも地図や地名について文章を書いているくせに、最終学歴は地理学科卒ではなくて「ドイツ文学専攻の中退」である。四年生まで在籍したのだが、わけあって退学した。当時のバイト先であった音楽出版社にそのままもぐり込んだので、就職活動もしていない。そもそも独文に入ったのは高校生の頃にヘルマン・ヘッセとベートーヴェンの「第九」に凝っていたからで、われながら実に単純な動機であった。

居着いた音楽出版社では輸入楽譜を通信販売する担当者だったこともあって個人輸入はわけもなく、ヨーロッパを中心に各国の測量局（日本の国土地理院に相当する役

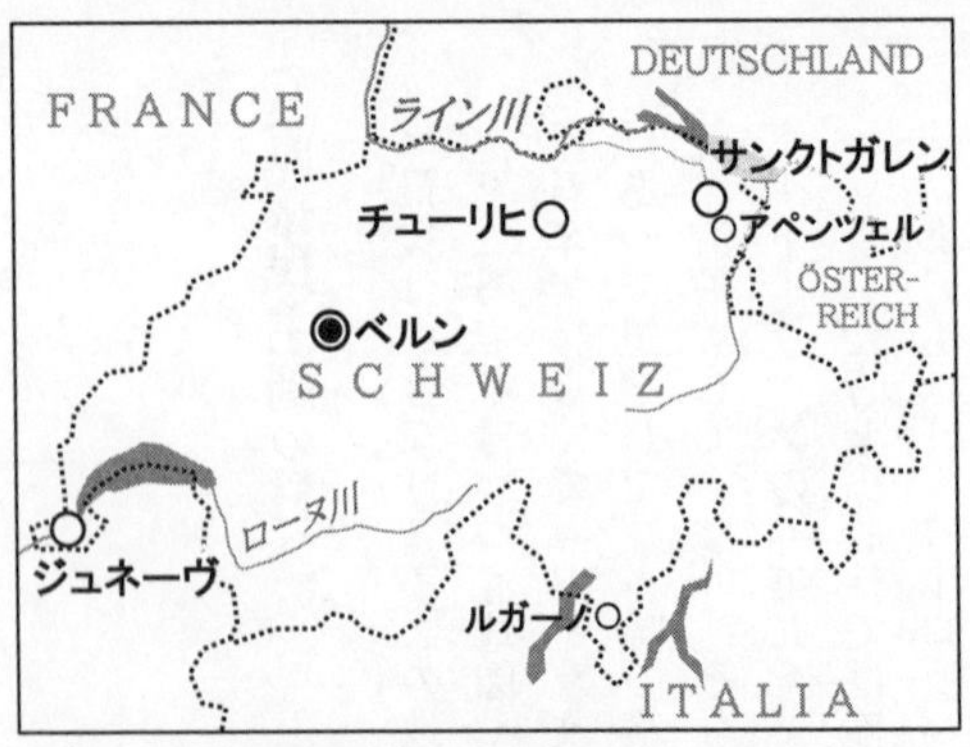

©OpenStreetMap ÖPNVKarte（近距離公共交通モード）

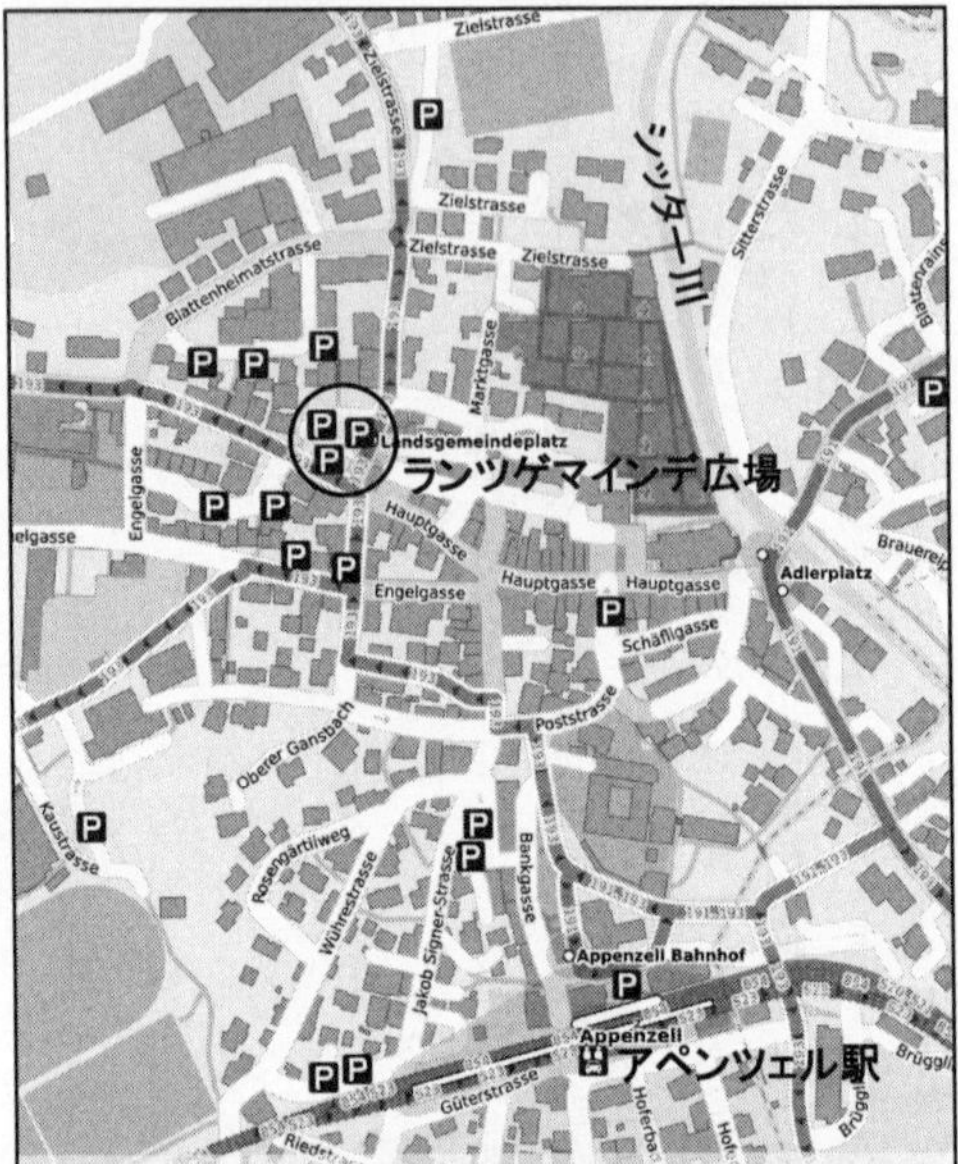

1:25,000 アペンツェル中心部。中央左上の Landsgemeindeplatz（ランツゲマインデ広場）で青空議会が行われる。

所）へカタログ請求しては地形図を購入、楽しんでいた。最初に取り寄せたのが当時の西ドイツ・ヘッセン州測量局の地形図で（この国では今も州ごとの測量局が独自に地形図を発行）、昭和六十年代に入ったばかりだっただろうか。地形図の詰まった国際小包が届いた時は実に嬉しかったものである。そのうち、独文を中退したくせにドイツ語学校に通い始めた。それほど上達したとはいえないが、英会話はもともと得意でないので、もし海外で地名の取材をするといえば、ドイツ語圏しかない。

そんなわけで、スイスで最も高い鉄道橋や、ライン川に架かる珍しいラティス・トラス（格子型トラス）の鉄道橋などを取材に行ったついでに（実はどちらがついでか不明だが）、アペンツェル Appenzell へ行ってきた。ここは三年ほど前に訪れながらも、駅を降りたら土砂降りの雨で町中へ出るのが億劫になり、そのまま引き返してしまったので、二度目の正直である。

アペンツェルといっても、あまりガイドブックに載っていないのか、日本人など東洋人の観光客はほとんど見かけないのだが、多くの日本人がアペンツェルの写真を、しかも子供の頃におそらくどこかで目にしているはずだ。実は今も珍しく「直接民主制」が行われている州として、知る人ぞ知る存在なのである。しかも女性がこれに参加できるようになったのがやっと一九九〇年（平成二年）というから、日本の相撲のようにある種「伝統芸能的」な頑固さを感じる。スイスでもこの制度が現在まで残っているのは、他にグラールス州（サンクトガレン州の南隣）だけだ。広場に人がたくさん集まっている写真が、中学校の「公民」の教科書に載っていたことをはっきり覚えている。

アペンツェルの町はアペンツェル・インナーローデン準州の首邑(しゆゆう)で、スイスの北東部、ボーデン湖にほど近いサンクトガレン St. Gallen という小都市からアペンツェル鉄道という私鉄の電車で四十七分ほど南下したシッターSitter 川の畔に位置している。中心部の標高は約七七〇メートル、周囲は起伏のある丘陵に牧草地がどこまでも広がる長閑(のどか)なところで、南方には氷河を戴く最高峰センティス Säntis（二五〇一・九メートル）と、それに続く峨々たる岩山が聳えている。

まずはチューリヒ空港の地下駅からサンクトガレンへ急行列車で一時間足らず。着いた日はここに泊まったのだが、街を歩いていると、後光の射した聖人が、熊さんに説経を垂れている絵が壁に描かれた家があった。傍らには「ST. GALLUS A.D. 612」と記されているが、日本でいえば大化の改新より前の六一二年に、今でいえばアイルランドの修道士・聖ガルスがシュタイナハ川の畔に建てた小屋が、この都市の起源なのだそうだ。

ちなみにガルスというのはラテン語で「ケルト人」を意味しており、ゲルマン人の大移動で周辺部に追いやられた民族である。現在のアイルランドやスコットランド、ウェールズなどはケルト人の末裔が多く住むところで、言語的には英語やドイツ語などゲルマン諸語とは系統を異にしている。熊さんへの説経内容は知らないが、都市の出自を壁に掲げている家がある、というのはなんだか嬉しい。

翌朝はアペンツェル鉄道でアペンツェルへ向かった。最初から峠越えにかかるが、ここは一〇〇〇分の一〇〇という急勾配で、この区間だけレールの間に歯のついた軌条を設置し、車両側の歯車と嚙み合わせてよじ登る方式になっている（二〇一八年にルックハルデ・トンネルの開通により歯軌条式は解消）。日本ではこれらをひっくる

アペンツェルの周囲には牧草地の丘陵が広がっている

アペンツェル地方のシンボルであるセンティス峰（右奥）。手前のセーアルプ湖Seealpseeには「逆さ富士」が映る

スイス国鉄のサンクトガレンSt. Gallen駅はチューリヒの空港から直通の急行で東へ1時間弱

めて全部「アプト式」と呼んでしまう傾向があるけれど、アプトを含む発明者を冠したいくつかの方式があって、ここではシュトルプ式が採用されている。列車は高度をどんどん上げてゆき、先ほどまで滞在していたサンクトガレンの街並みを俯瞰するなかなかの絶景だ。

列車はのんびりした足取りで、並走するクルマにどんどん追い抜かれていくけれど、牧場と遠い山並みの織りなす絶景を眺めていると、まったく飽きがこない。途中、牧草地に面した街道沿いでサンメルプラッツ Sammelplatz という駅に列車が停まった。「集積場所」「集合場所」といった直接的な意味があって、酪農地帯だから牛乳やチーズでも集める場所だったのだろうか、などと呑気に想像していたが、後で調べてみるとそんな悠長なものではなく、一四〇五年六月十七日に起きたハプスブルク軍との戦いのために、アペンツェルの人たちが集まった場所なのだそうだ。隣のガイス Gais 村との間の高く見晴らしが良い場所であるためだろうか。標高は九二七メートルとアペンツェルよりだいぶ高い。

その後は急な下り坂をそろそろと下り、サンクトガレンを出てから時刻表通りに四十七分。可愛らしいアペンツェル駅舎に到着した。そこから北上すると、歩いても数分で小さな旧市街にたどり着く。日曜日だったので何やらお祭りの最中で、ソーセージなどを焼く黒いTシャツのお兄さんに住民や観光客が群がっているのは、日本の鎮守の祭と同じ風景だ。ヴァイオリンとコントラバス、それにツィンバロムのような打弦楽器のトリオが民族音楽などを演奏している。

路地を抜けるとすぐに目の前が広がって大きな広場に着いた。小さな市街地だから目立つ広場はこれしかないので、「直接民主制」の広場であることはすぐ察しがつく。標識を確かめるとやはりランツゲマインデ広場（Landsgemeindeplatz）である。ランツゲマインデは議会に代わる準州の最高議決機関の位置づけをもつ住民集会で、こ

聖ガルスが熊さんに説教している壁画。すでに1400年の歴史をもつサンクトガレン

牧草地の中にあるサンメルプラッツSammelplatz駅。地名は中世の戦争にちなむ

アペンツェル鉄道のアペンツェル駅。サンクトガレンから狭軌（軌間1m）の列車で47分

こで条例の制定をはじめ多くの決め事が行われるという。

広場をひとまわり歩いてみたら、アペンツェルについての解説板があった。これによれば、アペンツェルの村はサンクトガレン大修道院長の荘園、アバッツェラ Abba-cella として一〇七一年に見える地名であり、その荘園から独立後は民主主義州の首邑として発展したとある。アペンツェルのランツゲマインデは、日本で言えば室町時代の一四一一年にすでに地域の議決機関として文書に言及されているという。アバッツェラというのはラテン語で修道院長の所有地といった意味だそうだ。ついでながらアプト式鉄道を発明したアプトさんのアプト Abt は「大修道院長」を意味するので、ご先祖はひょっとしてこの地方の荘園領主だったのか、などと想像してしまう。

サンクトガレンの近所にある高い鉄道橋の取材を終えてから来たのですでに夕方だ。広場からほど近い宿に飛び込んで二泊を予約してから広場を望むレストランの席に着いて、さっそく「ご当地名産」をお願いした。若いお姉さんがすすめてくれたのは巨大なソーセージにチーズをからめたマカロニを添えたアペンツェル風ゆでソーセージ(Siedwurst Hörnli)という料理で、もちろんアペンツェルの地ビールは欠かせない。

——すばらしいソーセージですね。大きさもすばらしく大きくて。ところで、この州は直接民主制で有名ですよね。

「ランツゲマインデをご存じですか。毎年一回、この広場で四月の第四日曜日に開かれるんですけど、日が近づくと州の役所から十八歳以上の住民に通知が来ます。当日は何千人という人がこの広場いっぱいに集まるので、今そのあたりにクルマが停めてありますけど、当日は全面的に駐車禁止になるんです」

――アペンツェルの駅でこんなパンフレットをもらいました。ランツゲマインデの写真が載っています。なるほどすごい人混みですね。

「あはは、これはですね。観光客がたくさん混ざっているんです。一種のイベントに

アペンツェル旧市街ではお祭りの屋台が出ていた。お得意はやはりソーセージ

直接民主制で知られる住民集会「ランツゲマインデ」が行われるランツゲマインデ広場。開催時は駐車禁止となる

もなっていて、あちこちから見物に来るのでね。でも、住民と観光客の間にはロープで仕切りがしてあって、観光客が採決に参加することはもちろんできません」

——だれでも発言できるんですか。

「手を挙げればいいんです。連邦議会の偉いさんや村長（アペンツェルは村である）もあっちの方に席を並べています」

——あなたは参加したことがありますか。

「私は別の州に住んでいるので参加できません。私の州ではふつうに州議会の選挙があります」

——ところで州の人口はどのくらいなんでしょうか。直接民主制をやるにはあまり多いと不可能ですよね。

「えーと、ちょっと自信ありませんけど、八〇〇〇人ぐらいでしたっけ」

後で調べたら実際の準州の人口はスイスの全部の州の中で最も少ない一万五七七八人（二〇一三年末）、首邑アペンツェルの人口は五七五一人（二〇〇六年末）であった。このランツゲマインデの様子が「直接民主制」の例として日本の教科書にも載っていると言ったら「本当ですか」と嬉しそうに驚いていた。

優等生的な味の日本のビールもいいが、アペンツェルの少しクセのある、それでもすっきりした地ビールは、このソーセージにとても合っていた。だんだん日が傾いてくる。少し冷たくなった風が肌に心地よい。牧草地の牛たちが家路をたどるのか、遠くからカウベルの響きがカラカラと微かに高く低く響いていた。

（著者注記）ドイツ語のS音は通常「ザンクトガレン」のように濁音で表記するのが一般的だが、スイスでは清音に近いので、あえてそのように表記しました。

ご当地の名物・巨大なゆでソーセージ。皿の向こうはマスタードのチューブ（赤が辛口）

地元の醸造所で作っているアペンツェル・ビール

「珍地名の旅」のすすめ

「ｗｅｂちくま」の一年間の連載はあっという間に過ぎ去ったが、毎回とても楽しい取材旅行だった。帰ってくると自作の珍地名リストの中から次回はどれにするかを考え、コースを組み立てる作業も愉悦に満ちた作業であった。それにしても月に二回、よく二十五か所も回ったものである（北海道のオタモイは単行本化に際して追加取材）。

地名を取り上げるにあたっては、なるべく各地方のバランスを心がけたつもりではあったが、他社の原稿の締切がいくつも攻めてきた時など、どうしても近場にしか出られないことも多々あり、結果的に首都圏にだいぶ集まってしまった。それにしてはスイスにも足を延ばしているが、これは愛嬌ということでご海容いただきたい。

私が地名に興味を持ち始めたのは、中学生の頃に地形図の魅力に取り憑かれてからのことである。当時一枚ちょうど一〇〇円だった二万五千分の一地形図、一一〇円の五万分の一地形図を数枚ずつ購入しては、毎日のように隅から隅まで飽きずに眺めていたものであるが、集落の様子や等高線、それに植生の記号を見ながら、実際にこの土地にはどんな風景が広がっているのだろうかと勝手に想像していた。

図上におびただしく記入された地名を読むのも楽しみのひとつであったが、珍しい地名があると、時には声に出して味わったものだ。鹿児島県の地形図で池之河内という地名を発見した時のことは今でも鮮明に覚えている。その地名に「いけんこつ」とルビが振ってあったからだ。当時は鹿児島県人に知り合いはいなかったので、勝手にイメージした西郷隆盛が目の前に現われたかのような感覚であった。いわゆる標準語なら「いけのかわち」と読むところが、イケンコツなのだから嬉しいではないか。なぜ嬉しいかと問われても困る。

私は小学生の頃から高校生にかけて、祖母の出身地である福井県の九頭竜川に沿った村を毎夏に訪れていた。そこで話されている親戚たちの会話を聞いて、その方言を無条件に「格好いい！」と思ったのである。横浜で生まれ育った私は「標準語しか話せなくて芸がない」という意識があったが（実際にはイントネーションなどに横浜方言の影響はあるようだが）、祖母は実に格好良かった。

なぜなら、われわれ孫たちとの会話は夫（祖父）の言葉である茨城弁で応対し、自分の兄弟との会話には福井弁を使い分けていたのだから。完全にバイリンガルである。その実家は北陸本線の森田駅から数キロの距離にあって、駅名標には「もりた」と平仮名が記されていたにもかかわらず、曾祖母などは「もっだ」に聞こえる独特な発音をしていた。

ずっと後になって福井県越前町に大玉という地名を見つけたときは嬉しかった。「いかだま」と読むのだから。これは他地方の人には解説が必要だが、福井県の方言では大きいことを「いかい・いけえ」というから、これを知っている人にはそれほど難読地名にはならない。テレビの普及で戦後は急速に標準語化が進み、特に若い世代には顕著だ。このため世代間で話が通じないこともあるというが、方言がひとたび地名という形で保存されると読み方は容易には変化しないので、貴重な「方言の記念碑」のような存在となるのだ。

そんなわけで、方言が反映されているような味のある地名を図上で見つけると、大学ノートに書き付けた。これを始めたのは高校生の頃であったと思うが、要するに観賞するだけでなく、どうしても書き留めておきたかったのだろう。これをいつまで続けていたかは記憶にないが、郵便番号が三桁（一部五桁）から七桁になった際に作られた郵便番号簿も読破してみた。この話は他でも書いたが、この冊子は無料で配布されるにもかかわらず、ざっと一五万以上はある日本の地名（おおむね大字レベル）のリストなのだから、読まなければもったいない。

その無償の地名リストを読む人は少数派かもしれないが、片っ端から読んでいくと実に多くの「味わいのある地名」に行き当たる。滋賀県守山市の浮気町を最初に「発見」した時はびっくり仰天したものだが、漢字の使い方はともかく、フケという言葉が水の多い土地を意味することを知っていると、なるほどと合点が行くのである。

この読み方の地名は全国に分布しているから方言ではなさそうで、これは古語であろう。ある時代までは「フケというのはこんな土地」という共通認識が日本人の間にあったに違いない。どの漢字を使うかは決まっていなかったために、さまざまな漢字で表わされてきたのだが、口語としては当然のように日常生活で用いられていたに違いない。崖を表わす「ママ」もそうだ。

さて、珍しい地名というのは具体的にどんなものを指すのか考えてみると、大きく分けて二つある。ひとつは読み方が珍しい、いわゆる難読地名である。西広門田で「かわだ」と読んだり(山梨県甲州市)、木葉下で「あぼっけ」と読む(水戸市)など、なぜそう読むのか見当もつかないような地名があちこちに存在する。

難読の原因は前述のように方言であったり、今は使われない古語にちなむものかもしれないし、または有力者によって本来の読み方とはまったく異なる漢字が使われるようになったり、しかもそれがさらに音韻上の変化を経て、原形とは似ても似つかぬ形になった場合もあるだろう。

地名の変化といえば、よく知られているものに、新潟県の妙高山がある。もともとは「越の中山」と呼ばれていた山が、「中山」じゃ平凡だと考えた人がいたのか、字を二字にして「名香山」と洒落てみた人がいた。日本では古代から「好字二字」の伝統があり、それも意識されたのだろう。その後は「音読みは高級感が漂って格好いい」といった中国文明への憧れの気分から「みょうこうさん」と読まれるようになり、さらに漢字も名香から「妙なる高い山」といった意図的な好字を用いたことにより「妙高山」の表記が出来上がった。

もともと字を持たなかったわれわれ「列島居住者」のご先祖が用いた地名は、おそらく百パーセント大和言葉であったに違いない。それが後になって舶来の「漢字」という文字が入ってきた際に、それをどうやって使うかは工夫のしどころだった。選択肢のひとつは表音文字として、もうひとつは表意文字としての使い方である。

中国では現代でも当然ながら外来の固有名詞もすべて漢字で表記する。たとえば作曲家のチャイコフスキーなど「柴可夫斯基」となるが、ひらがなを持たなかった日本もこれと同じ状況であったと思われる。「柴」の字を使う際に、本来の「雑木」の意味で使う場合と、「シ」「シバ」といった音を表わすために使う場合である。

わかりやすい例として九州のコバ地名がある。コバは焼畑を意味するが、たいていは古場、木場、小場などの字が表音文字として用いられているのに対して、熊本県人吉市の大畑（おこば）は表意文字として畑の字を用いた。ちなみに「畑」という字は漢字ではなく、国字である。火偏が付いていることからわかるように、本来は焼畑という意味を持っている。今ではほとんど焼かなくなったので、焼畑のために創作された字を「焼かない畑」に代用しているのが現状だ。

この字を九州の伝統的な焼畑用語のコバに当てたということである。字が当てられた当時は、コバを日常的に用いている人たちにとって大畑はまったく自然な表記だったであろうが、言葉も実態も絶えてしまった現在では、大畑でオコバという読みは難読になってしまう。

もうひとつの珍地名のパターンは、「地名らしからぬ地名」である。要するに普通名詞がそのまま地名になっているもので、本書では浮気、見物、瓦葺、雨降り、前後、未明などがそれにあたる。それぞれ個別の事情があるので簡単に説明はできないが、浮気などのように当時の漢字感覚に合わせて適切と思われる字が当てられた後に、言語環境が変化して、たまたま現代人に奇異な印象を抱かせるものになってしまったものが多いのではないだろうか。

言語イメージが変化すると、地名にまつわる「伝説」がしばしば捏ね上げられたりするのも日本の伝統である。たとえばケンブツという何らかの意味をもつ古い大和言葉でできた地名にたまたま見物の字が当てられ、後にそれが普通名詞の意味を持つようになってから「そこで鯨漁の見物をした」といった説話が作られるといった類だ。しかし私はその伝説を非科学的だといって排除したくない。地名にまつわる物語があるということは、それだけ地名が大切に親から子へと代々語り継がれている証拠であるからだ。

さて長くなってしまったが、読者の皆さんにもぜひ珍しい地名をめぐる旅をおすすめしたい。思えば地名の専門家でもない私が本書の連載でやってきたことは、別に「科学的な地名調査」ではなくて、それらの珍しい地名にまつわる物語を聞きに行く、というのが目的だった。もっと言えば珍地名をダシに地元の人とよもやま話がしたかっただけかもしれない。

もちろん珍地名に実際に住んでいる人は、もともと「珍しくもなんともない」と思っている人も多くて、時に話の接ぎ穂に困ることもあったが、昔の街の様子や景気の話やら戦前の思い出などに話が及ぶと、とても饒舌になる人は多かった。地名について整然と語る人に出会うと、どうして都合良くこんな適任者にばったり巡り会えたのだろうと不思議に思うこともあったが、これは偶然ではなく、多くの人が「語るべき故郷」をちゃんと持っているということなのではないだろうか。私が話を聞いたのは自分より年上の高齢者層が多かったのは確かだが（特に地方では若い人はあまり道を歩いていない）、目黒区立油面小学校の児童も、ちゃんと地名の由来を知っていた。地元を愛している人は思っている以上に多いのかもしれない。

地名の見つけ方であるが、これは地図をひたすら眺めていると、かなり高い確率で珍しい地名は見つかるものだ。珍しいかどうかは個人の感覚なので何パーセントとは言えないけれど。現役の地名でなくても、小学校や役場の支所の名前に残っている地名も意外に多い。たとえば東京都文京区内の小学校名など、軒並み今はなき旧町名である。

古い地図を眺めると、やはり今は使われていない旧地名がたくさん見つかるものだ。昨今では大都市なら江戸時代の地図に始まり、戦前はもちろん「昭和ブーム」もあって昭和三十年代の復刻市街図などは各地で盛んに出版されている。これらを現在の図と比較してみると、その地名の変遷がわかるし、それだけでなく大きなマンションが昭和四十年代まで大工場だったとか、さらに戦前に遡れば軍の基地があったことなどもわかる。江戸時代にはひょっとして鷹狩りのために保護されてきた野原だったかもしれない。

地名を訪ねて歩く際には、ぜひ地形図を持って行こう。地元の人に聞いた話を欄外に書き込めば、後で懐かしい思い出になる。戦前の地形図のコピーがあればなお効果的だ。地元の人に見せれば、そこで昔の「秘話」が開陳されること間違いないし、地名が変わっていたり、この細道が国道だったのか、という発見があったり。新旧を比較するだけで、たちまちその土地が立体的に見えてくる。本書では、実際に使った書き込み入りの地形図を各章の冒頭に入れているのでご参照下さい。

土地というものは、ご先祖から今の子どもまで代々いろいろな人が生活しては亡くなり、さまざまなものを生産して運び、時には壊してきた舞台である。その土地に付いている固有名詞が地名であり、その地名には古代から生き残っているものもあれば、途中でイマ風に変化させられたものもある。

中世の古文書などに現在の地名と同じものが書かれているのを博物館などで見る機会があると、たとえば五〇〇年前の登場人物が急に身近に感じられないだろうか。ここでいろいろと苦労して所領を獲得した人たちのはるか後世の子孫が自分であったり、隣人であったりするのである。ここで昔から変わらないで続いてきた地名は、はるか昔から現在までに連なる重層的な地域史を統合する「縦糸」の役割を果たしている。新しもの好きな人は「なぜ古臭い地名を後生大事に保存しなければならないの？」と素朴な疑問を呈することがあるけれど、地名の役割は「縦糸」に尽きる。

昔からこの地名が続いてきたから、今後もずっとこの地名を子孫に、できれば「物語付き」で愚直に伝え、同じ地名を将来に伝えていくこと。これは当然の営みではないだろうか。理由はない。強いて挙げれば、遠い未来まで地名が伝えられた先で、まだ見ぬ未来人が「今を振り返るためにその地名を使うことができること」を保障する必要があるからだ。現代人の任務はそのために愚直に地名を保存しておくことである。だから地名はたまたま今を生きている地元の現代人だけのものではない。もちろん法的には市町村議会がいくらでも変えられることにはなっているけれど、本来は「未来人」の了承もなしに勝手に変えてはいけない。

地名に親しみ、大切にしてくれる人が一人でも増えることを願って。

毎回の連載に「おもしろかった！」とコメントしてくれた筑摩書房の鎌田理恵さんにはとても感謝しています。それが確実に次回への原動力になりました。

平成二六年（二〇一四）師走も半ばを過ぎた武州多摩郡日野領上田（かみだ）村儘下（まました）にて

今尾　恵介

文庫版のためのあとがき

珍しい地名を訪ねるのが好きだ。幸いにしてその趣味に理解ある編集者に恵まれ、その類の連載を雑誌やネットで続ける機会をいただいた。古くは平成一四年（二〇〇二）に始まった『旅』の連載で珍地名を訪ねたのに始まり、各地の珍しい踏切名も訪ね（朝日新書『ゆかいな珍名踏切』として上梓）、直近では『サライ』（小学館）で気になるバス停をやはり連載した。

本書もそれら珍地名シリーズのひとつで、「ｗｅｂちくま」の連載に小樽市のオタモイとスイスのアペンツェルを加えて『ふらり珍地名の旅』を上梓、その八年後となるこの度、文庫化のお話をいただいたものである。

単に地名の由来を調べるのであれば図書館や地域史研究家、教育委員会など「その筋」に尋ねるのが手っ取り早いかもしれない。ところが地名には由来不詳のものが多く、そのわりには牽強付会や我田引水の地名由来説が目立つ。しかし正統的なアプローチでそれらを訂正するのが私の仕事ではなく、何をするかといえば、地名に付随する「物語」を紹介することだろうか。

そもそも歴史の古い地名は、命名した本人に尋ねなければ本当のところはわからないし、ご本人はとっくの昔にこの世の人ではない。また本人の没後に転訛や当て字の変更などがあって少しずつ変わることも珍しくないので、泉下の本人が驚くほどの変化も起きているかもしれない。

地名旅の楽しさは、専門家でも何でもない現地の人に飛び込んで話を聞くことだ。本文にも何度か出てくるが、珍地名の住民は昔から馴染んでいるので、珍しいという自覚がない。東京からわざわざ来たとは物好きだねえ、という反応を示される。それでも自分たちの地名には愛着があって、「恥ずかしいから普通の地名に変えてほしい」などという声を耳にしたことは一度もなかった。

というわけで、謎に満ちた珍地名は謎のまま未来までずっと続いてほしいと思っている。どうせみんな短い人生である。目先の利益やイメージアップのために地名をこの世代で消さないこと。形を変えずに未来に受け渡すこと。それだけが私たちのできることであり、また責務ではないだろうか。

まず筆頭に謝辞を捧げたいのは、各地で貴重な地名について話を聞かせていただいた皆さんである。文庫化に際しては編集部の吉澤麻衣子さんにいろいろとお世話になりました。御礼申し上げます。

梅雨らしい日が続く令和五年（二〇二三）六月　今尾恵介

解説　未来人のための地名

酒井順子

旅先で、変わった地名や美しい地名に出会った時は、しばし足が止まる。「なぜこのような地名が？」との疑問を抱くと、その地名が過去への入り口のように思えてくるのだ。

とはいえ、このような地名に対する「？」がいつも解き明かされないままに終わってしまう。だからこそ『ふらり珍地名の旅』で書かれた旅の数々には、「こんな旅をしてみたい」という憧れが強く刺激された。

地図や鉄道等の世界の碩学として知られる著者は、この旅のシリーズにおいて、珍地名の由来について事前に調べない、という縛りを自らに課している。実際に現地に赴いたからこそわかったことを、書いているのだ。

現地においては、スマートフォンを使用している様子も見えない。グーグルマップは、いとも簡単に我々を目的地まで連れて行ってくれるし、検索すれば何くれとなく教えてくれるが、本書に「スマートフォン」という語は登場しないのだ。地図と地形、そして現地で得ることができる情報だけで地名の由来を探るその旅は、スマホに依存しないからこそ味わうことができる旅の醍醐味を、読者に伝えていよう。「クラは崖に着く地名」「フキはフケと同じく低湿地に特有の地名」といった、地名に関する見識。地形や地層を見て、その土地が経てきた自然現象を判断する視線。歴史への理解。そしてもちろん、地図を縦横に読みこなす力。……と、スマホなど不要なほどに、今尾さんの中には多くの知識が蓄積されている。本書は、実に勉強になる紀行集なのだ。

しかしこれらの旅に詰まっているのは、豊かな知識だけではない。今尾さんは、時に不審者ではないかと疑われながらも、いつも地元の人に話しかけ、地名の由来について訊ねている。結果、思いがけない情報を得たり得なかったりするのだが、その地元の人と旅人との交流もまた、本書の読みどころの一つ。

たとえば神奈川県三浦市の海外（かいと）では、まずは漁師然とした男性に地名の由来を訊ねてみるものの、あっさり「知らないよ」。しかし諦めずに「海外会館」を訪れると、奥にいた六十代ほどの男性が、

「そういえば、海外の地名の由来になった本があったなあ」

と資料を見つけてくれたのであり、それを読んだ今尾さんは、

「やっぱり町内会館には首を突っ込んでみるものだ」

と、ホクホクするのだ。

地元の人が編んだ資料や、地元に住む人々の言葉を、今尾さんはいつも大切に扱っている。その地に住む人々や歴史に対する敬意が、その姿勢からは滲み出るのだ。旅先でどのような人に出会うかという運が、地名の謎に近づくことができるか否かにも関わってくる、この旅。住民があまり外を歩いていないような地においても、いつも味わい深い人々と出会うことができるのは、著者の人徳というものなのだろう。

中学生の時には二万五千分の一、五万分の一の地形図を日々眺め、高校時代には「珍地名ノート」を作成し、長じて後は十五万の地名が載っている郵便番号簿を味わいながら読破したという今尾さん。その行動は、知識を得るという行為自体がひたすら好きな人のようにも見える。

しかし本書を読んでわかるように、知識と知識を繋げているのは、今尾さんの人間性である。たとえば新潟県上越市の猿供養寺においては、地名学的には「サル」がつく地名は「地すべり関連」としながらも、「地元の人が猿供養寺の地名にまつわる『物語』を大切に今に伝えていることこそが重要」

と書かれているのだった。知識のみで地名を判断するのではなく、その地に住む人々のいとなみや思いごと地名を捉える柔らかな視線が、そこには存在する。

珍しい地名というポイントのみで旅先を選んだ本書には、名所旧跡の類はあまり出てこない。が、福岡県田川郡の「採銅所」は、奈良時代に銅を採掘していたことに由来する地名。また福井県大野市の阿難祖領家と阿難祖地頭方は、「鎌倉時代の『下地中分』で、土地を荘園領主（領家）と地頭でまん中から分けたという話がそのまま地名になっている」という地。このように地名の由来を探る旅をすることは、タイムマシンに乗るようなものでもあり、我々読者は本書を読むことによって、時空の旅に出ることができる。私がいつも素通りしている〝過去への入り口〟の中へと、入ることができるのだ。

だからこそ地名の改悪は大罪であると、本書は静かに訴える。「遠い未来まで地名が伝えられた先で、まだ見ぬ未来人が『今を振り返るためにその地名を使うことができること』を保障する必要がある」からこそ地名は、

「『未来人』の了承もなしに勝手に変えてはいけない」

との記述に、私は深く頷いた。

未来を想像し、また創造するためには、過去を知ることが大切であると示す本書。我々もまた、過去の人からすると「未来の人」であると考えるならば、せめて今残っ

ている地名を次の世代に遺す努力は、していきたい。地名について知ることは、そのための第一歩なのであり、地名を訪ねる旅は、日本の過去と未来を守るための行為でもあるのだろう。

（さかい・じゅんこ　エッセイスト）

本書は二〇一五年二月に弊社より刊行されました。
文庫化に際して、一部加筆・訂正をしています。
また本書に使用した地図は国土地理院またはその前身機関によるものです。

ちくま文庫

ふらり珍地名の旅

二〇二三年八月十日　第一刷発行

著　者　今尾恵介（いまお・けいすけ）
発行者　喜入冬子
発行所　株式会社　筑摩書房
東京都台東区蔵前二―五―三　〒一一一―八七五五
電話番号　〇三―五六八七―二六〇一（代表）
装幀者　安野光雅
印刷所　三松堂印刷株式会社
製本所　三松堂印刷株式会社

ISBN978-4-480-43895-9　C0125